阅读日本
书 系

宏观经济学要点

エッセンシャルマクロ経済学

大住 圭介\著　谷晶红 肖敏奇 刘金昊\译

笹川日中友好基金
The Sasakawa Japan-China Friendship Fund

南京大学出版社

图书在版编目(CIP)数据

宏观经济学要点 /(日)大住圭介著;谷晶红,肖
敏奇,刘金昊译. —南京:南京大学出版社,2013.1
(阅读日本书系)
ISBN 978-7-305-10838-9

Ⅰ.①宏…　Ⅱ.①大…　②谷…　③肖…　④刘…　Ⅲ.
①宏观经济学—研究　Ⅳ.①F015

中国版本图书馆 CIP 数据核字(2012)第 284560 号

江苏省版权局著作权合同登记　图字:10-2011-632 号

出　版　者　南京大学出版社
社　　　址　南京市汉口路 22 号　　　　　　邮　编　210093
网　　　址　http://www. NjupCo. com
出　版　人　左　健
丛　书　名　阅读日本书系
书　　　名　宏观经济学要点
著　　　者　〔日〕大住圭介
译　　　者　谷晶红　肖敏奇　刘金昊
责任编辑　卫瑞霞　田　雁　　　　　　　编辑热线 025-83596027
照　　　排　南京紫藤制版印务中心
印　　　刷　南京爱德印刷有限公司
开　　　本　787×1092　1/20　印张 11.5　字数 206 千
版　　　次　2013 年 1 月第 1 版　2013 年 1 月第 1 次印刷
ISBN 978-7-305-10838-9
定　　　价　34.00 元

发行热线　025-83594756
电子邮箱　Press@NjupCo. com
　　　　　　Sales@NjupCo. com(市场部)

阅读日本书系编辑委员会名单

阅读日本书系选考委员会名单

序

　　大住圭介先生是我在日本研修时的指导老师。2001 年我申请
到了政府项目,获得去日本九州大学研修的机会。那是我第一次
去日本,正逢暑假,南京已是酷热,到福岛时却感觉到海滨城市的
一丝凉爽。听介绍说,福岛地区的日本人对中国人比较和善,因为
他们中有好多人的祖先来自中国的云南。不过,对这一说法一直
没有得到过权威的论证。大住老师派了他的一位略通中文的学生
到机场接我,在老师帮我联系的酒店住下后,便去大学和老师见
面。九州大学的建筑从外观看很老旧,也不气派,和我在美国访问
过的大学相比差距很大,也比不上国内一些大学建筑的外表,直到
走进经济学院的大楼内部时,才感觉这其实是一所很现代化的大
学。见到大住老师时,老师西装革履,开始想是否因为要见客人才
在大夏天这样穿着,多次的见面后,才知道老师在公众场合,似乎
永远是西装。大住老师给我的第一印象是和蔼慈祥,他见到我时
非常高兴,虽然英文口语中带有典型的日本腔,但可以感觉到他的
热情,他带我看了给我安排的办公室,介绍了他的同事,还亲自帮
我办完了财务手续。

　　我慢慢了解到大住老师在日本是非常知名的经济学教授,也
是大学教授委员会的成员,享有很高的学术地位,主持过很多日本
政府和民间的科研项目。老师对中国非常友好,因为事务性工作
繁忙,生怕有所怠慢,因此经常请我吃饭,每次打电话时语言非常
简洁,几乎都是"dinner"或者"lunch"。这样利用吃饭的时间和大住
老师交流了很多。老师对中国有浓厚的兴趣,他说小时候读过很
多的唐诗宋词,现在还能背诵李白和白居易的诗。他对中国的经
济发展非常赞叹,觉得中国的未来会非常强大。因此,老师非常重

视和中国的学术交流,经常参加在中国举办的学术会议,同时,也经常邀请中国学者去日本参加他举办的学术会议。他的学生中也有很多中国留学生。我在日本研修的主要内容是日本企业的人力资源管理,大住老师不是这方面的专家,但对我提出的问题,总是认真地回答,此外他还请学院的其他教授为我解惑。正是在大住老师的帮助下,我对日本企业特有的有人力资源管理模式年工序列制以及终身雇佣制等产生的历史文化背景有了深刻的认识,同时,也了解到日本经济的生命力就在于日本林林总总企业的技术创新能力和管理创新能力,这两种能力,对于优秀的企业缺一不可。

《宏观经济学要点》是大住老师多年从事经济学教学和研究的成果,此次能够在中国翻译出版,我非常高兴。自二次世界大战之后,日本的宏观经济学研究开始重视计量方法的应用,虽然理论体系大体是沿袭西方,但日本学者非常重视结合国内经济现状的实证研究。对日本学者而言,幸运的是,日本的统计工作质量居于世界前列,统计数据真实、细致、可信,鲜有数据造假现象,这为宏观经济的研究奠定了重要基础。日本宏观计量分析模式丰富,其结果可信度高,也容易得到重视。在上世纪70年代的美国,曾有对计量分析的可信度下降的倾向,但日本这方面的工作却得到加强。因此,到今天其在这一学科领域的研究水平无疑已经走在世界的前列。日本经济学研究者有着这样的传统,除了重视政府的研究项目外,还非常重视政府部门的工作,很多知名的经济学家不仅参与政府部门决策,而且还直接参与工作,大住圭介先生也是这样的学者。这种官学结合的模式,其效果反映在国家的经济政策在面对社会经济发展中出现的问题时很有针对性。另一方面,日本社会经济出现的问题,又刺激了日本学者寻求新的解决问题的方法,推动了学术研究的进一步发展。比如上世纪60年代,菲利普曲线没有在日本引起重视,但到70年代出现通货膨胀时,日本学者很快就认识到菲利普曲线的重要性,并产生了一批重要的经济理论研究成果。在大住圭介先生的著作中,我们可以明显感觉到对数理研究方法的重视。

我们看了很多欧美学者的经济学著作,对日本学者的经济学著作知之甚少。我相信，大住圭介先生的《宏观经济学要点》可以弥补我们在这方面的遗憾！

邹亚军

2012 年 10 月 7 日于南京大学北大楼

前　　言

目前,失业、通货紧缩、日元升值等诸多经济现象已成为影响日本经济的主要问题。为了应对这些问题,必须从国民经济的高度上来制定经济政策。因此,就需要统计出反映国民经济的整体情况的经济数据,在数据的基础上来制定具体政策。本书对上述问题的相关讨论进行了整合。

理解复杂的经济现象背后的意义,了解经济体系运行规律,这对于经济政策的制定而言是不可或缺的。因此,总结出能表达经济现象背后的逻辑的经济体系,并且对这一体系进行思考是十分重要的。希望同学们在阅读本书的过程中,能够学习"标准的理论",并能够运用理论来分析现实中的经济现象,将经济学的理论基础夯实。

本书是根据笔者的讲义整理而来。为了方便学生阅读,笔者在宏观经济学理论的展开讨论中,做出了一定的改进。主要包含以下几方面:

(1) 本科生使用的宏观经济教材主要是根据曼昆所著《宏观经济学》,按长期分析、短期分析、经济增长的分析这一顺序进行讨论的。这样的顺序确实有其深意,但不是十分适合本科生的教育。为了使学生能够充分理解整个理论体系,本书按照短期分析、长期分析、超长期的分析来展开讨论。

(2) 为了使学生能够充分理解关于经济模型的讨论,本书使用了多种流程图。另外,为了简化讨论,便于理解,又添加了一些图表。

(3) 本书第一章关于经济循环的讨论,引入了 SNA 等分析方法,提供了相当充实的内容。通过阅读本书的开始部分,就可以正确理解经济循环的过程以及宏观经济学中的各基本概念。

（4）读者在阅读完本书后，可以对宏观经济学的各种理论有一定的了解。另外，书中还介绍了宏观经济学研究中的前沿课题。特别是对宏观经济学理论以及宏观经济政策中的争论做了介绍。

（5）现在宏观经济学中的代表性教材（Blanchard 与 Fischer 合著的《Lectures on Macroeconomics》以及 Rommer 所著《Advanced Macroeconomics》等），已经将讨论的重点放在了动态分析上。笔者在研究生阶段虽然以增长理论为研究中心，但偏重于微分方程、最大值原理、动态化分析等数理分析，对经济问题的意义的考虑并不充分。此外，由于本科阶段的教材与研究生的教材之间有较大差距，而眼下却没有优秀的过渡教材。为弥补这一点，本书将所涉及的数学知识限制在最小范围内，在超长期的分析中，对离散型经济增长理论的基础和世代更迭模型作了详尽的介绍。在本书的最终章节，为准备阅读高级宏观经济教材的读者提供了一定的理论基础。

目　　录

宏观经济学要点

第1章　循环经济和经济活动水平的衡量

本章,对国民收入、国民总收入、国内生产总值等基本概念以及经济循环系统进行比较详尽的说明。

首先,在对基本概念进行了说明的基础上,定义了与国民收入相关的诸如(GDP,GNI)等计量概念,同时对通货紧缩及物价指数进行了说明。最后,解说了经济循环的几种表示方法。

1.1　基本概念

1.1.1　流量和存量

在日本、美国这样的现代国民经济社会,大量的产品和劳务都成为经济活动对象。这种情况下,为了进行有意义的宏观经济分析,必须对物质、服务进行统计。在实际处理过程中,虽然对物质和服务进行了各种各样的统计,因其所伴随的时间维度的不同,概念上将作为统计结果的统计量分为两类。其中之一是如家庭资产或基于国民经济水平的国家财力的指标,该类指标只有在某个时间点测定才有意义,被称为存量(stock)。另一类是如家庭收入或国民收入、国民生产总值的指标,该类指标只有在指定某个时间段后,才能把握其真正形式的统计量,被称为流量(flow)。

1.1.2　中间产品和最终产品

现实经济中,不间断地进行着大量的物质、服务的交易,为了

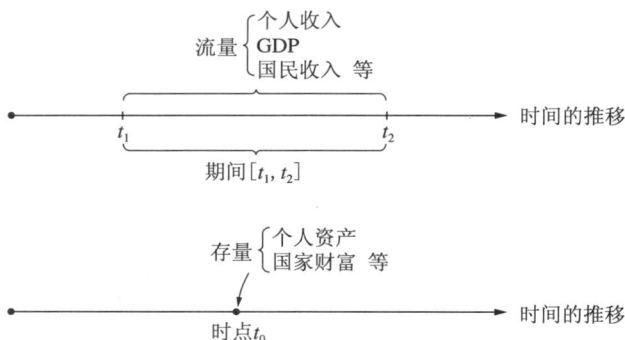

图 1-1　流量和存量

更准确地分析国民经济,有必要对经济活动进行整合并进行系统的分类以及整理。为了解决国民经济增长的因素及如何才能促进国民经济增长等经济理论上的重要课题,通常是从整理、整顿基础资料的基点出发,对经济活动进行分类。根据以上传统方法,为了测定当期生产活动导致的国民生产量,首先有必要把各类经济活动明确分为两类:一是促进物质、服务增加的活动;另一类则只是单纯地将国民生产量进行了诸如养老保险、奖学金支付等分配活动。进一步地,为了避免重复计算,有必要对物质、产品分类为:为了其他物质、服务的生产而生产出来的中间产品,以及面向最终需求而出售的最终产品。为了加深对以上分类的理解,可以参考下面假设例。

1.1.3　假设例

在此考虑一个由农家、面粉加工作坊以及面包加工作坊构成的简单经济系统。各经济单位进行如下的经济活动。

(1)农家不使用任何肥料、农具种植小麦,把其中相当于 500 万日元的小麦出售给面粉加工作坊。结果,农家的收入是 500 万日元,并用这 500 万日元从面包加工作坊那里购买了面包。

(2)面粉加工作坊从农家那里购买了 500 万日元的小麦之后,将其作为材料,生产小麦粉,并以 1000 万日元将小麦粉出售给面包加工作坊。这时,小麦加工作坊的收入是 500 万日元,并用这

500 万日元购买了面包。

（3）面包加工作坊购入 1000 日元的小麦粉，以其作为材料，制作了 1500 万日元的面包。面包加工作坊自身消费了 500 万日元，剩余的面包分别出售给农家 500 万日元，小麦加工作坊 500 万日元。在这个简单的假设例中，物质的循环状况可以用图 1－2 表示。

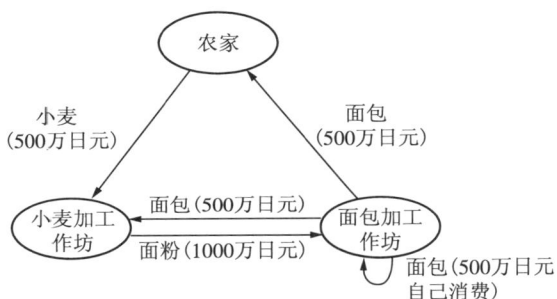

图 1－2　经济循环的假设例

接下来，可以思考一下这个事例中本期的国民经济活动的净结果。在这个例子中，国民经济的产出总额是，农家创造的生产价值（500 万日元）、面粉加工作坊创造的生产价值（1000 万日元）和面包加工作坊创造的生产价值（1500 万日元）的合计，也即是 3000 万日元的生产价值。然而，通过以上简单计算所得到的生产总额中，作为中间产品的小麦和小麦粉的生产额分别被重复计算了 3 次和 2 次，所以作为国民经济活动的净结果的指标显然不准确。为了避免重复计算，不能将各个经济单位的生产额进行简单加总，而是有必要对各个经济单位的生产活动的净结果所伴随的**附加价值**（也称新增价值或新创造价值。value added）进行加总。在这个假设例中，农家的附加价值是 500 万日元，小麦粉加工作坊的附加价值是 500 万日元。最后，面包加工作坊的附加价值也是 500 万日元。所以，国民经济的附加价值是以上的合计 1500 万日元。（见图 1－3）

以上所求出的国民经济的附加价值与最终需求的大小，即最终产品的价值（在这个例子中是面包的生产额 1500 万日元）相等。另外，这个数值也同农家的收入（500 万日元）、小麦加工作坊的收入（500 万日元）以及面包加工作坊的收入（500 万日元）的总计一致。

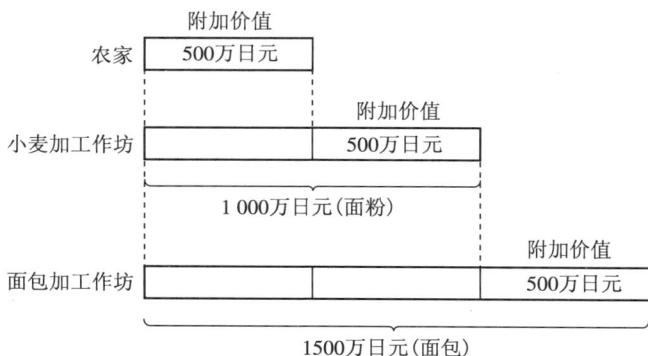

图1-3　各经济单位的附加价值

1.1.4　生产的边界

为了进一步阐明上述问题,以下将导入生产的边界这一重要概念。正如上面的假设例子中所描述的,小麦粉的加工中使用了小麦,面包的加工中使用了小麦粉,在现实经济中很多经济活动都是互相牵连的。这里,将生产的边界进行如下定义。

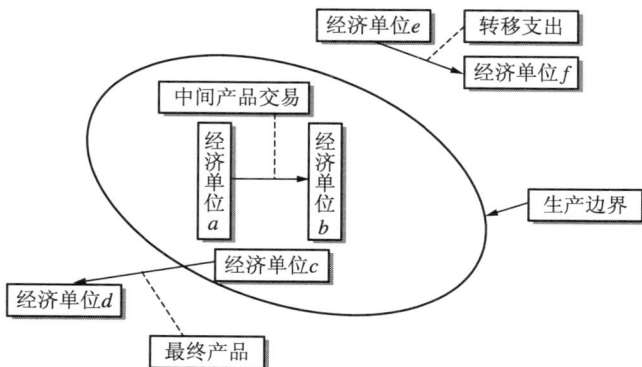

图1-4　生产边界

像图1-4所描述的那样,在各种经济活动中,有的生产活动部门仅仅将那些成为最终需求而出售的产品与劳务的经济活动划分出来,这类部门通常称为"**生产边界**"(production boundary)。

在生产边界被明确定义的基础上,可以对在生产边界内进行的生产最终产品所使用的中间产品以及生产边界外进行的收入转移做出严格的定义，并从而得到最终产品的明确定义。因此，如何适当地对生产边界进行定义，在国民生产的推算上具有决定性的意义。

明确规定了生产边界的定义之后，考虑在上述的简单假设例中没有体现出来，而在现实经济现象中必须关注的几点注意事项。

① 通常，农家需要耕作机器，小麦加工作坊需要粉碎机，面包加工作坊需要烤箱进行生产活动。这种情况下，当期生产活动的结果，在期末都会出现设备折旧。在现代国民经济体系下，各生产单位通常都会使用一定的生产设备进行生产活动。那时，作为当期以前的生产成果的机械设备在生产过程中都会有部分磨损、折旧。这样的资本磨损被称为固定资本折旧。如果不从当年的生产总额中扣除固定资本折旧，就意味着所计算的当年的生产总额超过了实际水平，被过大的评价了。所以，在现实经济活动中，有必要适当地推测固定资本的折旧额。

② 同①相关，在现实经济中，存在着生产机械设备等的产业或者企业。这时，作为该年度的最终产品，除了分配给每个家庭的消费品也即**家庭最终消费支出**之外，还必须考虑企业作为固定资本而追加的设备投资。另外，在政府存在的经济体系中，还存在道路、公共设施等社会资本。所以，由企业的设备投资、社会资本所构成的总固定资本等都必须考虑。

③ 在上述的假设例中，当期的生产的商品被全部贩卖。可是，现实的经济中，因会计年度的原因，在当期期末，原材料，生产中所制造的半成品，以及库存品等相对期初都会发生变化。这一点也必须考虑进去。

④ 由该国国民经济以外的所有经济构成的经济部门，通常称为**海外**。在上述的简单假设例中，同海外的经济活动完全没有被考虑。

⑤ 在简单的假设例中，中央行政机关和地方行政机关构成的政府服务生产者以及家庭、民间非盈利性团体（私立学校、政党、养老院等等）均不存在。另外，在假设例中，在各经济单位内部所发生的生产和收入的收取、支付等功能没有被分离，可是在现实中生产和支付已经高度分化。通常，起到前者的生产的功能经济部门

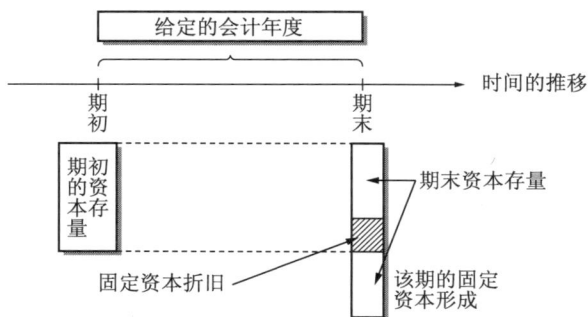

图 1-5　固定资本折旧

统一被称为**企业部门**(firm sector),起到后者功能的经济及单位统称为**家庭部门**(household sector)。综合以上,经济中分为 5 个部门:(1)非金融法人企业;(2)金融机关;(3)一般政府;(4)民间非盈利团体;(5)家庭。

⑥ 上述假设例中,各经济单位将所得全部用于消费。即各经济单位的储蓄为零。可是,这种现象在现实经济中是不可能发生的。

⑦ 上述假设例中,各个经济单位的所得只限定于对提供劳动的报酬,即**雇佣者报酬**。可是现实经济中存在资本服务的财产所得,以及没有被分配的**营业剩余**。

1.2　国民收入及与其相关的诸统计总量

1.2.1　国内生产总值,国民净收入,国民收入

接下来,以更加严密的形式对 1.1.4 节"生产的边界"中所记述的生产边界进行定义。此时,以市场价格所表示的且没有扣除固定资本折旧的该国居住者的产出总额称为**国内生产总值**(GDP:gross domestic product)或者是总附加价值(gross value added)。这里,先介绍几个概念。首先,所谓的我国居住者是由以下两个部

分构成①:(1)在我国领土内的生产者,包括企业、政府、民间非营利团体;(2)原则上在我国领土内居住达1年以上的个人。简单来说,外国企业在我国的分公司及其雇用的劳动者都包含在内,而我国的海外分公司则不包含在内。

另外,对和"总"相关以及市场价格表示等用语进行若干解释。在前面已经涉及,如果不从当年的生产总额中扣除固定资本折旧,会造成生产额的过大评价。可是,固定资本折旧的推算几乎不可能,而且即使能够计算,也需要非常繁琐的处理。这里,大家也许会想不是可以根据各企业财务上的折旧额进行推算吗?可是目前的折旧额主要是计算设备折旧,这样的方法不能用于国民经济核算中。考虑到以上推算上的困难,固定资本折旧被扣除前的,即包含了固定资本折旧的总值通常被用于国民经济的经济活动成果指标。这时,为了明确是固定资本折旧前的总值,通常使用总额或者名义值这样的用语进行说明。(参照图1-6)

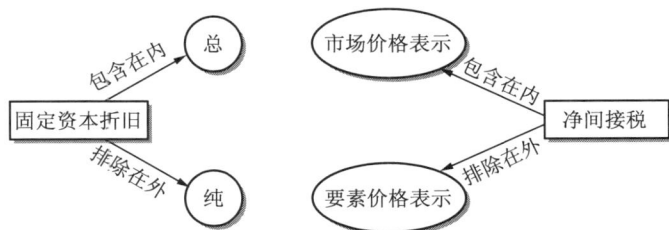

图1-6 "总"和"市场价格表示"

接下来,来看一下收入方面。作为国内生产总值一部分的收入支付,其中一部分支付给了非居住者。同样,海外的生产额中的一部分是对我国居住者的支付。所以,我国的国民收入的定义如下(参照图1-7):

我国的国民收入=我国的GDP+来自海外的要素收入-向海

① 在这里考虑一下日本的状况。日本的经济领域由从日本政府所管辖的领土和驻外大使馆除去外国驻日大使馆、领事馆之后的部分所构成。诸多制度单位中,在日本经济领域内以具有经济利害中心的为居民单位。对个人而言,雇佣合同以一年为基准;对法人企业、面向家庭民间的非营利团体而言,拥有生产设备并进行生产活动的称为居住者单位。除此之外,称为非居住者单位。

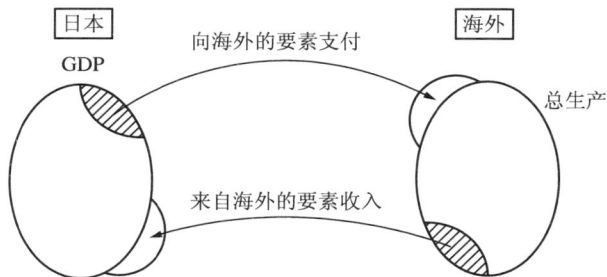

图 1-7 国民总收入（Gross National Income，GNI）

外要素的收入支付

　　进一步地，从国民收入中扣除固定资本折旧后的以市场价格表示的统计量被称为国民净收入。这里，所谓的市场价格是指以市场价格评估生产总额。比如，考虑一下税就可以立刻理解，以间接税（减去补助金）表示的净间接税的那部分产生了过大评价或者过小评价（这里，我们需要注意的是补助金起到降低价格的作用）。在其后考察分配面的时候也会涉及，从国民收入中扣除净间接税之后的要素价格表示的国民纯收入，通常称为**国民收入**（NI：national income）。即，以下的恒等式成立（参照图 1-8）。

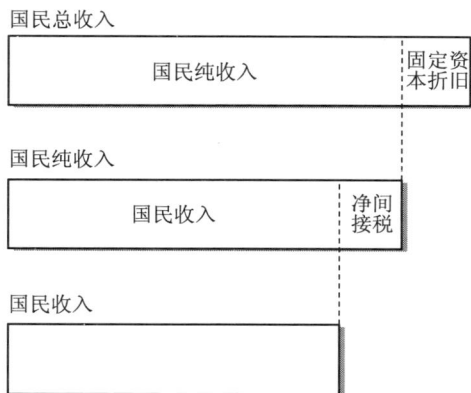

图 1-8 国民收入的相关概念

　　国民收入＝国民总收入－固定资本折旧－净间接税

也即，

　　国民纯收入＝国民总收入－固定资本折旧

成立。所以，我们可以得到下列恒等式。

$$国民收入＝国民纯收入－净间接税$$

接下来,对同国民收入相关联的总量进行定义。

$$国民总可支配收入＝GNI＋来自海外的其他经常性转移$$
$$－向海外所支付的其他经常性转移$$

$$国民纯可支配收入＝国民总可支配收入－固定资本折旧$$

1.2.2　三面等价原则

以上,主要分析了生产方面,接下来对国民生产的支出面进行考察。从支出面体现的国内生产总值、即国内总支出(GDE：gross domestic expenditure)是指由家庭部门、民间非营利团体以及政府部门所购买的消耗品、耐用消费品等最终消费支出以及其他的最终需求所构成。前者的最终消费支出中包括商品、服务等流量的统计额,通常称为消费。考虑到经济理论上的方便,消费进一步可以划分为**个人消费**(家庭部门和民间非营利团体的消费)和**政府消费**(一般政府的消费)。这样的细分主要是基于以下的差异而进行的:个人消费主要是由经济主体的偏好、收入和各种商品、服务的相对价格的差异而产生的需求,相对于此,一般政府的消费,主要是以社会性的、政治性的需要为基础而产生的。这里,详细说明一下一般政府和民间非营利团体的服务消费的不同。首先,政府服务的生产额是以生产成本为基础计算的、除去受益者明确的服务(比如,国立大学的授课费用可以视为教育服务的成本,以家庭的最终教育消费支出来计算),原则上,作为政府消费处理。对于民间非营利团体的服务,其生产额也用成本来评价,除去家庭部门的消费额剩下的为民间团体的消费。

另外,最终需要中除去最终消费支出以外的最终需要主要包括以下几项:在未来的数年间将在生产过程中使用、类似于制造机械、发电所、工厂等**固定资本的**项目;由期末正处于生产中的半成品、或者是完成品的库存变化量所构成的项目,即**库存增加**;此外,还有海外部门以出口额减去进口额所标示的净出口项目[1]。通常,固定资本形成和库存增加统一称为**总资本形成**。首先,以下关系

---

[1]　这通常被记为经常性海外剩余或国民经常剩余。

成立。生产总额和进口部分形成了最终消费、总资本形成以及出口。这里,根据一般政府的定义,政府的生产活动也被承认,所以也应该考虑政府的公共资本形成。因为有,

国民总收入＋进口＝个人消费＋政府消费＋民间总资本形成
＋公共总资本形成＋出口

成立。所以,可以得到

国内生产总值＝个人消费＋政府消费＋民间总资本形成
＋公共总资本形成＋净出口

通常,在宏观经济分析中,政府消费和公共资本形成共同称为政府支出。这种情况下,以如下形式表示(参照图 1-9)。

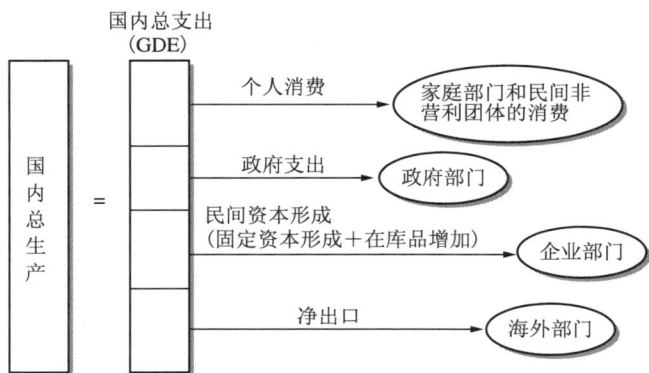

图 1-9 国内总支出

国内生产总值＝个人消费＋政府支出＋民间总资本形成＋净出口

最后,从国内生产总值的支出面进行考察。作为经济生产成果的总附加价值最终分配到各个部门。也就是说,相当的一部分作为工资、奖金的劳动者报酬和财产所得分配到家庭部门。剩余的部分,(**企业利润、贷款利率、出租费用和直接税等构成的**)营业剩余,固定资本折旧以及以间接税除去补助金表示的净间接税构成。即,下列关系成立。

国内生产总值(＝总附加值)≡劳动者报酬＋营业剩余
＋固定资本折旧＋净间接税

以上,对以市场价格表示的国民生产从生产、支出和分配的三个方面进行了探讨。从这三个方面考虑的总额对应于三个方面测

定的同一国民生产或者说附加价值的数值,所以等价。这通常称为**三面等价原则**(参照图1-10)。正如上述,三面等价原理在原则上是成立的,可现实中由于种种计算上的处理要求,通常把不一致的部分作为统计误差处理。

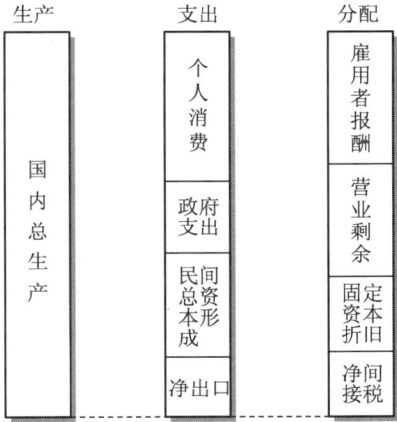

图1-10　三面等价原则

1.2.3　关于生产边界的注意点

在本小节中,将讨论一下在实际设定生产边界时产生的若干问题。一般地,把总生产额扣除中间产品的最终产品视为生产活动的最终成果,对此恐怕谁也没有异议。对于这样的概念上的问题,首先需要考虑的是把哪个范围内的生产活动视为产生最终产品的生产活动这个现实问题。对于这个问题,可是采用的一般准则是,只限定参与那些出现在组织化的市场中的商品和服务的生产的活动。因此,由于家庭主妇提供的家务劳动不具有市场性,所以不能计算入国民经济的生产活动的成果中。

对于上述**市场性**的一般规则,也有例外。比如,虽然不在市场上交易,但是却作为国民经济的成果被评价的案例,主要有以下的两种。

(1)私房的归属价值

对私人所拥有的房子,如果出现出租给他人这样的市场交易的话,所计算的归属价值(imputed value),将被记入国民生产总值中。

（2）政府部门的服务和非营利团体的服务

政府服务或者非营利团体的服务虽然不在市场上交易，但是通过计算生产这些服务所需要的费用所得到的数额会被记入国民生产总值中。

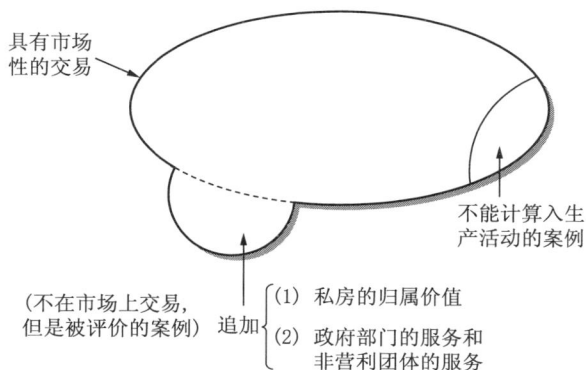

图 1 - 11　关于生产边界的规定

另外，以下的例子，虽是具有市场性的交易，按常规应该计入经济成果，可是不能记入国民生产中。

① 持有所得（holding gains）和持有损失（holding losses）

在通货膨胀发生的情况下，资本、资产的价值就会增加，可是该增加额却与生产活动成果无关，所以不能计算入国民生产总值。

这样的处理，并不意味着持有所得或者持有损失在经济分析中不重要。回想一下近年快速的土地价格变动，就会明白持有所得或者持有损失对民间经济活动以及政府经济政策的影响是举足轻重的。

② 非法活动

作为非法活动的例子，比如在一个存在禁酒法制的国家如果针对最终需求而进行加工酒类的生产活动的话，显然收入不能包含在国民生产中。对此，我们来分析一下黑市或者**地下经济**（underground economy）的情况。

黑社会生产兴奋剂是社会所不允许的，它带来的是负的社会福利，所以不能算入 GDP，对此大家可能都可以理解。可是，在以逃税为目的，过少申报出演次数的艺人或者过少申报销售额的企

业主的例子中，显然，原本应该记入 GDP 的量却没有计算在 GDP
之内。

1.3　通货紧缩和物价指数

在上节，对国民收入及其相关的诸多统计量的概念进行了定
义，而且明确了年度国民经济的循环构造。可是正如本章最初所
描述的，在宏观经济学中作为分析对象的通常是总量。所以，有必
要将数量单位各不相同的种种商品、服务的量以一定的基准进行
统计，也就是说在对种种商品、服务进行总量统计时需要某种度量
权重。由于在单年度的分析中以当时的价格对各种商品、服务进
行评估，所以在推算国民生产及其相关的诸统计量时，并不会发生
任何问题。可是，在讨论长期国民收入或者 GDP 等统计量时，因
为各个年度的统计量都是以该年度价格指数所评估，在分析时自
然会产生一些问题。因为以物理单位计算的实质量即使没有发生
任何变化，可是因为受物价上升的影响，以时价评估的统计量却在
年年增加。因此，统计时有必要进行相应的修正。

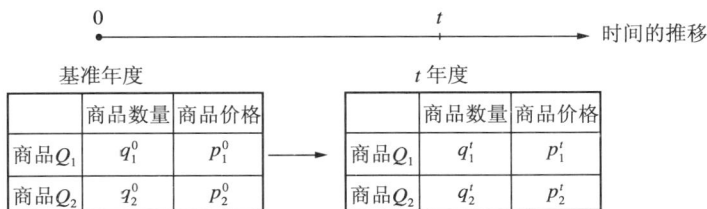

图 1 - 12　基准年度和 t 年度的商品数量与价格

接下来，为了简化分析，假设构成总量的商品、服务分别为 Q_1
和 Q_2，基准年度的 Q_1 和 Q_2 的数量、价格分别为 q_1^0，p_1^0，和 q_2^0，p_2^0，t 年
时 Q_1 和 Q_2 的数量、价格分别记为，q_1^t，p_1^t，和 q_2^t，p_2^t。此时，计算 t 年
度 GDP 实际的量时，使用如下的价格具有深刻的意义。

$$p_1^0 q_1^t + p_2^0 q_2^t$$

以上计算的总值中，排除了价格变化的影响，即假设基准年度
的价格在 t 年度不变时所评价的各种商品的量。相对于以时价所表
示的**名义值**（nominal value）（$q_1^t p_1^t + q_2^t p_2^t$），该总量被称为**实际值**

（real value）。将名义值修整为实际值时所使用的指数称为**平减指数**[①]（deflator）。因为，

$$p_1^0 q_1^t + p_2^0 q_2^t = \frac{p_1^t q_1^t + p_2^t q_2^t}{\left(\dfrac{p_1^t q_1^t + p_2^t q_2^t}{p_1^0 q_1^t + p_2^0 q_2^t} \right)}$$

于是，使用下式可以求出平减指数。

$$\frac{p_1^t q_1^t + p_2^t q_2^t}{p_1^0 q_1^t + p_2^0 q_2^t} \times 100$$

所以平减指数以**帕舍指数**（Paasche index）来表示。

与此相对应，为了考察物价水平自身的变化，将各种商品、服务的数量固定在某一年度，有必要制定分析物价变化的指数。这里，我们考察**消费者物价指数**（CPI：consumer price index）和**批发物价指数**（WPI：wholesale price index）这两个概念。现在假设成为消费者物价指数或批发物价指数分析对象的商品只有 Q_1 和 Q_2，于是消费者物价指数（CPI）和批发物价指数（WPI）用拉斯拜尔指数（Laspeyres index）表示（参照图 1-13）。

$$\frac{p_1^t q_1^0 + p_2^t q_2^0}{p_1^0 q_1^0 + p_2^0 q_2^0} \times 100$$

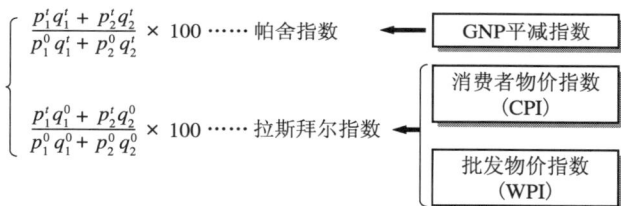

$$\begin{cases} \dfrac{p_1^t q_1^t + p_2^t q_2^t}{p_1^0 q_1^t + p_2^0 q_2^t} \times 100 \cdots\cdots \text{帕舍指数} \\[4mm] \dfrac{p_1^t q_1^0 + p_2^t q_2^0}{p_1^0 q_1^0 + p_2^0 q_2^0} \times 100 \cdots\cdots \text{拉斯拜尔指数} \end{cases}$$

GNP平减指数

消费者物价指数（CPI）

批发物价指数（WPI）

图 1-13　消费者物价指数和批发指数

1.4　GDP 指标的局限性

最后，我们对 GDP 指标做一些补充说明。首先，从公害和环境污染的观点来考察 GDP 指标的意义。GDP 是以某一年度最终产品的总额所表示的，是流量。因此，存量自身的变化（不论是正

---

① 平减指数又可称为平减物价指数（implicit price deflator）

宏观经济学要点

的方向还是负的方向)最终却被忽略了。的确,对于生产设备存量的变化,以固定资本损耗的形势在某种程度被考虑,可是,对于那些给自然环竟造成破坏(比如氟氯化物对臭氧层造成的破坏)的生产活动所带来的负面影响,却没有反映在 GDP 指标中。

其次,和市场性相关联,家庭主妇提供的家务劳动没有被记入 GDP 中。接下来,我们从这一点对 GDP 指标的含义进行考察。假设两名家庭三妇出去打零工,分别从事对方的家务劳动,一年可以得到 90 万的打工收入。其结果是国民经济的生产额增加了 180 万。如果在某国国民经济中大规模地出现这种现象的话,GDP 将会大幅增加。这种情况下,各个家庭所享受到的方便没有任何变化(或许,由于他人从事自己家的家务劳动,反而不如以前方便),但是作为国民经济生产额的指标之一的 GDP 却增加了。因此,在对市场交易完备和完全相反的两个国家的 GDP 进行比较时,应该十分小心。

GDP 指标的局限性是内生在一般指标中的,所以对于 GDP 指标而言,不能过于强调它的问题点,指出它是无意义的,持有否定的态度,应该王确理解 GDP 指标的含义,并在考虑了其弊端的基础上进行利用。

1.5 补充说明:经济循环的表示方法

1.5.1 恒等式表示法

首先对 1.2.2 节的说明进行一下整理。最终产品被生产,其生产成果的附加价值以收入的形式被分配到各个部门,一部分被各经济主体购买消费商品时所消耗,其余部分被储蓄。另外,最终产品的需求由个人消费、政府消费、总资本形成(以下称为总投资)以及净出口构成。进一步地,对于总资本形成,是指期末时同期初相比较存量的变化。

为了明确表达经济的循环构造,引入下列符号。

C_p = 个人消费,C_g = 政府消费,I_p = 民间总资本形成(总投资),I_g = 公共资本形成

Y = 国民收入,D = 固定资本损耗,T_i = 净间接税,S = 储蓄,EX = 出口,IM = 进口,O = 生产总额,$EX - IM$ = 进出口,IP =

中间产品的购入，TR = 经常性转移

于是，下列关系成立。

$$O + IM = C_p + C_g + I_p + I_g + EX + IP \tag{1.1}$$

上一节中，从生产方面考虑，生产出来的商品、服务被贩卖，产生收入，进一步地，产生了相应的可以分配的附加值。因此，

$$Y + D + T_i + IP = O \tag{1.2}$$

由上述关系式，可得下列式子成立。

$$Y + D + T_i \equiv C_p + C_g + I_p + I_g + (EX - IM) \tag{1.3}$$

接下来，从支出方面进行考察。包括转移支出在内，附加价值一定被分配在某个部门并被支出。因此，

$$TR + C_p + C_g + T_i + (EX - IM) + S$$
$$\equiv (Y + D + T_i) + (-D) + TR \tag{1.4}$$

即，

$$C_p + C_g + T_i + (EX - IM) + S \equiv Y + T_i \tag{1.5}$$

由以上分析，可以得到如下的关系式。

$$C_p + C_g + I_p + I_g + (EX - IM) - D$$
$$\equiv Y + T_i$$
$$\equiv C_p + C_g + T_i + (EX - IM) + S \tag{1.6}$$

也即有，

$$I_p + I_g - D \equiv S + T_i \tag{1.7}$$

上述关系式描述了一个恒等关系：从国内总资本形成中扣除固定资本损耗所得到的净投资和经济活动的遗漏部分（储蓄＋税收）一致。这个关系式及其重要。在不考虑政府部门时，该式描述了净投资和储蓄的恒等关系。

1.5.2 核算体系和矩阵形式的表示方法

以 1.5.1 的结论为前提，这节介绍一些关于经济循环的其他表示方法。在以下的讨论中，为了避免繁琐性，考察该国国民经济和海外部门不存在经济活动的封闭经济体系。在封闭经济体系下，由先前的 (1.1)，(1.2)，(1.5)，(1.7) 可以得到如下的关系式。

$$O \equiv IP + C_p + C_g + I_p + I_g \tag{1.8}$$

$$IP + (Y + D + T_i) \equiv O \tag{1.9}$$

$$C_p + C_g + T_i + S \equiv (Y + D + T_i) + (-D) \qquad (1.10)$$
$$I_p + I_g - D \equiv S + T_i \qquad (1.11)$$

图 1-14 描述了国民经济的经济循环核算体系。该体系中，生产计量、收入分配、使用核算以及储蓄核算分别为以交易者的视点所记录的数值，所以被称为交易者核算或活动核算。与交易者视点相对，单纯地为考虑平衡时所使用的核算被称为虚拟核算。从这种意义上说，商品、服务的核算是一种虚拟核算。

商品、服务核算

支　出	收　入
O	IP
	$C_p + C_g$
	$I_p + I_g$

生产核算

支　出	收　入
IP	O
$Y + T_i + D$	

收入分配、使用核算

支　出	收　入
$C_p + C_g$	$Y + T_i + D$
S	$-D$

储蓄核算

支　出	收　入
$I_p + I_g$	S
$-D$	

图 1-14　国民经济核算体系

上述的恒等关系式(1.1)的左边和右边分别记录了商品、服务核算的支出和收入栏；关系式(1.2),(1.5),(1.8)的左侧和右侧分别记录了生产核算、所得、分配使用核算、储蓄核算的支出和收入栏。这里必须注意的是，某个核算的支出(收入)栏的项目一定会在其他的某个账目的收入(支出)栏中出现。

图 1-15 中,描述了由**社会会计矩阵**所表示的经济循环。在该矩阵中,各个账目中计算体系的收入栏记录在横栏(即所谓的矩阵的行),支出栏记录在竖栏(即所谓的矩阵的列)。

	(1)	(2)	(3)	(4)
商品服务核算		IP	$C_p + C_g$	$I_p + I_g$
生产核算	O			
收入分配、支出核算		$Y + T_i + D$		$-D$
储蓄核算			S	

图 1-15　社会会计矩阵

1.5.3　产业关联表

在以上的分析中,以国民经济生产活动的最终产品的循环构造为中心进行了考察。正如先前的假设例子中所示意的那样,在现实中企业部门内部存在着中间交易,解析伴随这些中间交易的国民经济产出构造是十分重要的。在日本,自 1951 年以来,每隔 5年都会制作、公布**产业关联表**(或者称为**投入产出表**)。而且,伴随着"商品的循环",表示"财产循环"的**资金循环账目**、表示和海外经济活动的**国际收支统计**,以及表示各个存量部门份额的**国民借贷对照表**也作为 **SNA**(system of national accounts)这个完整体系的构成部分被制定并公布。

在此,对产业关联表进行一些简单的说明。各个产业在只生产一种商品或者服务的情况下,没有必要区分商品和活动,可以单纯地像图 1-16 那样表示。图 1-16 描述了企业部门被分为产业 1 和产业 2 时的状况。在此表中,$X_{ij}(i,j=1,2)$ 是第 j 产业的生产中所投入的第 i 产业的商品、服务的量。另外,$X_i(i=1,2)$ 是第 i 产业的产出额,$F_i(i=1,2)$ 是对第 i 产业的产出物的最终需求。$V_i(i=1,2)$ 表示第 i 产业的总附加值。

图 1-16 的横行,表示各产业产出额多少、销售到哪里这样一个销路构成。另外,沿着纵列看下去,它表示各个产业在哪里购入多少商品、服务,这样一个购入费用构成。

	产业 1	产业 2	最终需要	合计
产业 1	X_{11}	X_{12}	F_1	X_1
产业 2	X_{21}	X_{22}	F_2	X_2
附加值	V_1	V_2		
合计	X_1	X_2		

图 1 - 16　产业关联表

第 1 章总结

1. 流量是期间概念,存量是时点概念。

2. 在测算生产活动时,为避免重复计算,有必要区分中间产品和最终产品。

3. 由于在概念上对生产边界进行了定义,可以对转移支出、中间产品交易和最终产品交易等进行明确的区分。

4. 以最终产品的市场价格表示且没有扣除固定资本损耗的生产总量称为国内生产总值。与此相对,从国民生产总值中扣除固定资本损耗后、以市场价格表示的生产总值称为国内净生产。

5. 如下的恒等关系成立。

国民收入＝国民总收入－固定资本折旧－净间接税

＝国民纯收入－净间接税

6. 从支出面体现到的国内生产总值称为国内总支出,由下式表示。

国民总支出＝个人收入＋政府支出＋总资本形成＋净进出口(经常性海外剩余)

7. 作为国内生产总值成果的总附加值,在分配面由下列项目构成。

国内生产总值(总附加价值)＝雇用者报酬＋营业剩余＋固定资本损耗＋净间接税

8. 从生产、支出、分配三方面所体现的关于国民生产的总值是一致的。这个现象,通常称为三面等价原则。

9. 对于哪些范围的活动应该视为最终产品的生产活动,这一现实处理中所遇到的问题,采用如下的一般准则:只限于涉及在组织化的市场中出现的商品、服务生产的活动。

10. 将以当时价格表示的名义值修整为实值时所使用的指数称为平价指数。平价指数通常以帕舍指数(Paasche index)表示。

11. 消费者物价指数(CPI)和批发物价指数(WPI)以拉斯拜尔指数(Laspeyres index)表示。

12. 考虑 GDP 时,必须要注意内含在该指标的边界。

13. 作为经济循环的表示方法,可以考虑计算体系、矩阵形式等。

14. 为了解析企业部门内部的中间交易以及国民经济的产出构造,通常会制作、公布产业关联表。

第 2 章　基本框架

本章,介绍了本书采用的分析方法,并对全书结构进行了简要说明。首先,说明了均衡分析以及比较静态学的含义,并在此基础上对短期、长期及超长期进行了明确定义。最后,说明了之后各章的简要内容。

2.1　模型分析

2.1.1　均衡分析和比较静态学

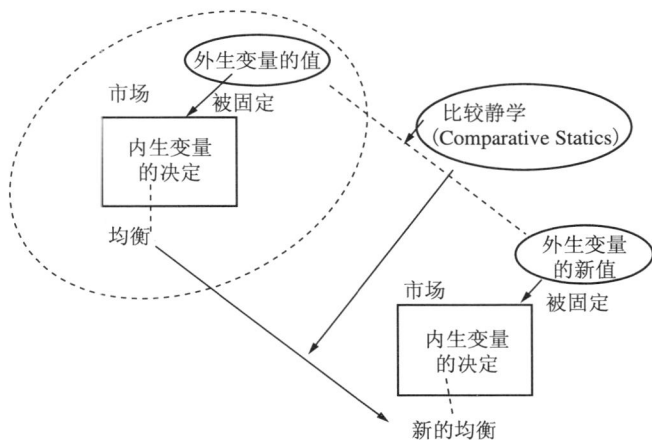

图 2 - 1　均衡分析和比较静态分析

现实的经济现象很复杂,为了抓住其经济核心问题,用比较简单的形式表现经济现象在经济分析中是非常重要的,通常利用数学公式构成的模型来进行分析。外生变量不是在模型范围内给定的,可以把它作为前提条件而进行函数分析。相对的,内生变量是在模型中被决定的。一般在进行均衡分析的时候,把外生变量作为前提条件,内生变量的值在模型的内部作为均衡值而求解出来。因此,如果作为前提条件的外生变量变化了,那么,均衡状态也会发生相应的变化。在经济学中,把外生变量的变化造成的均衡状态的影响分析叫做比较静态学分析(参考图2-1)。

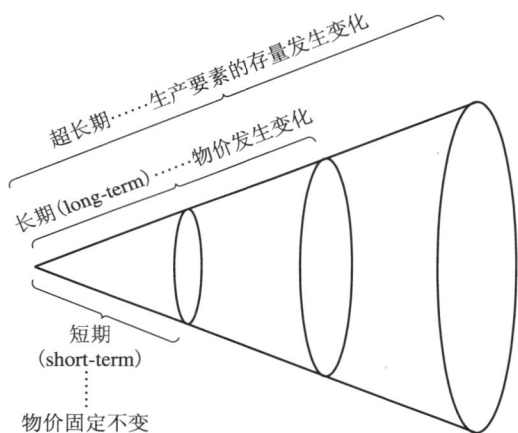

图 2 - 2　时间范围

2.1.2　短期和长期及超长期

关于短期和长期的规定虽然在微观经济学中已经有所介绍,但是在宏观经济学中,有几个不同的规定。像我们的日常经历一样,在现代经济中,物品的价格是刚性的。因此,由价格决定实现市场清算所需求的充分长的时间叫做长期;相反,即使存在供求的非均衡,但价格不容易变化的时间叫做短期。在长期中,供求一致的状态叫做长期均衡。在短期中,市场的调整是由数量调整决定的;而在长期中,市场的调整是由价格调整决定的。在长期均衡中,(1) 实现了完全就业,(2) 需求的改变对物价的变动有影响。此外,在超长期中,作为经济增长分析的对象,生产要素之一的资本库存的变化也加入考虑因素(参考图2-2)。首先,在短期的分析中,把物价作为已知条件,对于需求方面,因为作为生产要素之一的劳动者的雇佣能被调整,所以过少雇佣均衡(即达不到充分就业下的国民收入)是常态。然后,以物价的调整过程为中心进行讨论。

2.2 本书的构成

在第 1 章,主要介绍国民收入,国内总收入,国内生产总值等这些基本概念以及经济循环的系统表示方法。在第 3 章以后,主要是使用第 1 章介绍的概念,构筑能够说明各种各样宏观经济现象的基本理论。

在第 3 章,关于商品市场展开讨论。首先,把消费函数或储蓄函数用适当的形式进行定义。其次,在海外部门和政府部门不存在的封闭经济中,把物价水平作为已知条件,国民收入 Y 在商品市场的决定的为中心进行考察(参考图 2-3)。并且,伴随着政府支出 G 等外在条件的变化,均衡国民收入又是如何变化的进行讨论(参考图

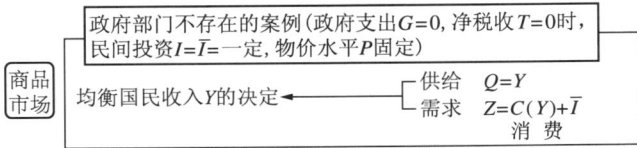

图 2-3 均衡国民收入的决定

2-4)。最后,导出表示投资 I 和利率 r 关系的投资函数 $I = I(r)$。进一步的,如果利率 r 处于某一固定水平上,那么投资 I 就能被决定,因此,商品市场的均衡国民收入 Y 也能被决定。那么,就能用曲线把利率 r 和投资 I 的关系表示出来。通常,把表示商品市场均衡的曲线叫 IS 曲线(参考图 2-5)。

在第 4 章,对货币市场进行考察,讨论利息决定的问题。首先,讨论货币是什么这一问题,并且对货币需求问题进行分析。然后,处理于

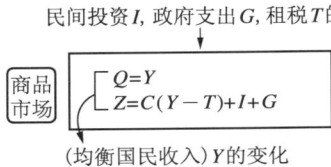

图 2-4 均衡国民收入与比较静学分析

```
┌─────────────────────────────────────────────────┐
│        政府支出 $\overline{G}$，投资函数 $I=I(r)$ 给定的条件下   │
│                                                 │
│ 商品│          ┌ $Q=Y$                           │
│ 市场│          │                                 │
│     │          └ $Z=C(Y)+I(r)+\overline{G}$       │
└─────────────────────────────────────────────────┘
```

（由利率 r 和随其变化的均衡国民收
入 Y 的组合 (Y,r) 构成的曲线）
$\overline{G}$ 给定条件下的 IS 曲线

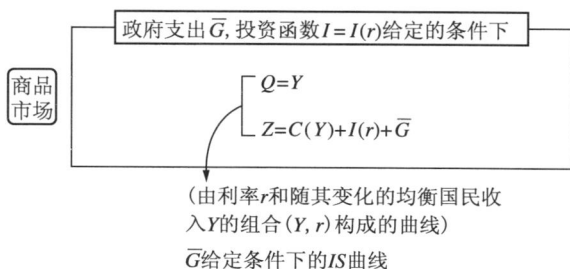

图 2-5　商品市场的均衡与 IS 曲线

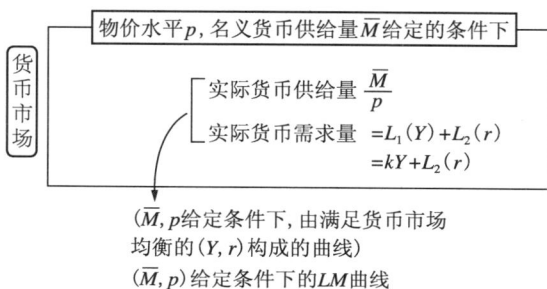

```
┌─────────────────────────────────────────────────┐
│        物价水平 $p$，名义货币供给量 $\overline{M}$ 给定的条件下  │
│                                                 │
│ 货│            ┌ 实际货币供给量  $\dfrac{\overline{M}}{p}$  │
│ 币│            │                                 │
│ 市│            │ 实际货币需求量 $=L_1(Y)+L_2(r)$      │
│ 场│            └             $=kY+L_2(r)$          │
└─────────────────────────────────────────────────┘
```

（$\overline{M}$，p 给定条件下，由满足货币市场
均衡的 (Y,r) 构成的曲线）
（$\overline{M},p$）给定条件下的 LM 曲线

图 2-6　货弊市场的均衡与 LM 曲线

货币市场供求均衡问题（参考图 2-6）。在第 5 章以前，商品市场和货币市场都是分别进行讨论的，因此在第 5 章，把商品市场和货币市场结合起来，对商品市场和货币市场的同时均衡和均衡时产生的问题进行考察（参考图 2-7）。这时，通常使用 IS-LM 曲线进行

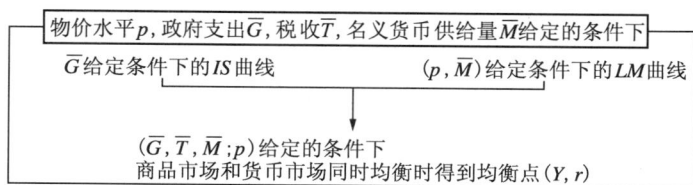

```
┌─────────────────────────────────────────────────┐
│  物价水平 $p$，政府支出 $\overline{G}$，税收 $\overline{T}$，名义货币供给量 $\overline{M}$ 给定的条件下 │
│                                                 │
│ $\overline{G}$ 给定条件下的 $IS$ 曲线      （$p$，$\overline{M}$）给定条件下的 $LM$ 曲线  │
└─────────────────────────────────────────────────┘
```

（$\overline{G},\overline{T},\overline{M};p$）给定的条件下
商品市场和货币市场同时均衡时得到均衡点 (Y,r)

图 2-7　商品市场与货弊市场的同时均衡

分析。并且，伴随着政府消费 G，税收 T，名义货币供给量 M 等的变化，国民收入水平是怎样变化的，这一比较静态学问题进行探讨（参考图 2-8）。

第 5 章以前，在 IS-LM 曲线的框架之下，以商品市场和货币市

场的同时均衡问题,也即比较静态学问题为中心进行讨论。但是,在同时均衡点上未必能保证充分就业。因此,为了考察失业问题,需要对生产要素市场,特别是对劳动市场进行分析。

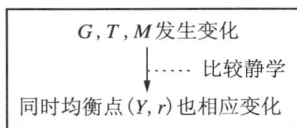

G,T,M发生变化
........比较静学
同时均衡点(Y,r)也相应变化

图 2-8 比较静学分析

在前 5 章,是把物价作为已知条件,也就是以物价的调节机制不能发挥作用的短期为中心进行分析的。接下来,将对物价的调节机制可以发挥作用的长期进行讨论。因此,在第 6 章,为了对长期市场进行讨论,把劳动市场导入分析框架中,利用总需求曲线和总供给曲线进行分析(参考图 2-9)。首先,通过 IS 曲线和 LM 曲线导出总需求曲线,进而总供给曲线也能被给定。在总供给曲线和总需求曲线的交点,决定了物价水平和国民收入水平。并且,根据上述的分析,在交点上,商品市场,货币市场,以及劳动市场同时达到均衡。把上述分析过程称为 IS-LM 分析,或者说 AD-AS 分析(总需求-总供给分析)。第 6 章的后半部分,在 AD-AS 分析的框架下,基于 G 和 M 的变化的比较静态学的问题进行了讨论。图 2-10 表示了以上讨论的全体流程。

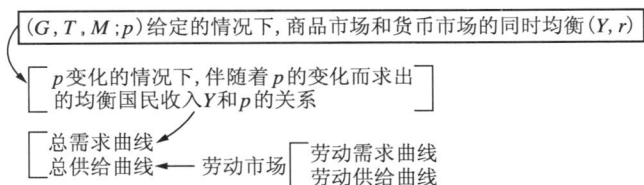

$(G,T,M;p)$给定的情况下,商品市场和货币市场的同时均衡(Y,r)
p变化的情况下,伴随着p的变化而求出的均衡国民收入Y和p的关系
总需求曲线
总供给曲线 ← 劳动市场
劳动需求曲线
劳动供给曲线

图 2-9 劳动市场的分析

在第 7 章,对于通货膨胀是如何决定的以及滞胀等现实问题进行考察。在最近的研究中,主要是利用通货膨胀需求曲线和通货膨胀供给曲线对通货膨胀率的问题进行分析的。因此,在若干的准备考察之后,对标准通货膨胀曲线和通货膨胀供给曲线进行定义。并且,通货膨胀需求曲线是在通货膨胀供给曲线的基础上被推导出来的。接下来,以预期菲利普斯曲线和奥昆法则作为讨论的前提,对通货膨胀供给曲线进行定义。进一步的,利用通货膨胀需求曲线

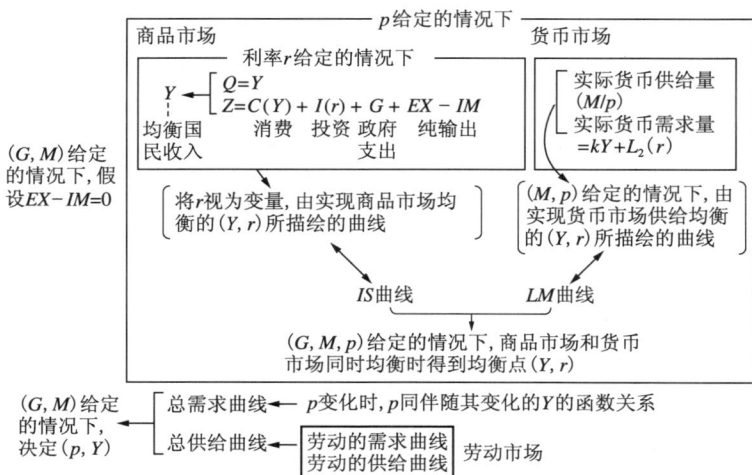

图 2 - 10 总需求 — 总供给分析框架

和通货膨胀供给曲线，讨论短期的通货膨胀是如何决定的。随后，我们对伴随着通货膨胀需求曲线和通货膨胀供给曲线的移动产生的短期均衡点向长期均衡的调整过程进行分析。另外，关于向长期均衡的调整过程的问题，以及产生停滞膨胀的原因进行说明（参考图 2 - 11）。

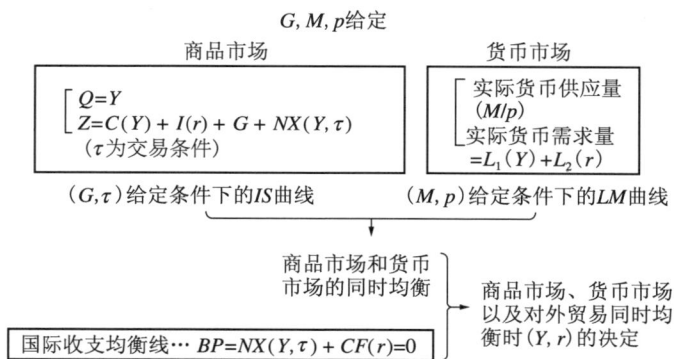

图 2 - 11 蒙代尔 — 费莱明模型

第 7 章的讨论，为了说明国民经济内部的宏观体系，考察对象只限一个国家的国民经济，和海外部门的经济活动被忽略了。在第 8 章，主要是对和海外部门的经济活动进行说明，对第 5 章的封闭经济下得到的 IS-LM 模型进行扩张,设定开放经济模型,并且对在开放经济中宏观经济政策的效果进行分析。具体的,对各种概念进行说明以后,利用蒙代尔 — 弗莱明模型对在开放体系之下的宏观经济政策问题进行考察,进一步,简单地介绍一下总需求-总供给曲线。

第8章主要对经济循环问题进行了考察。特别是对实际经济周期理论以及宏观经济政策进行说明。在第 9 章,对存在于消费,投资,货币需求以及货币供给背后的微观基础展开讨论。

从第3章到第9章,都是把由经济流量描述的经济循环作为主要的分析对象进行说明的(参考图 2 - 12)。第 10 章以后,是从长期的观点,以经济库存为中心,把实物库存的循环作为分析对象展开讨论的。

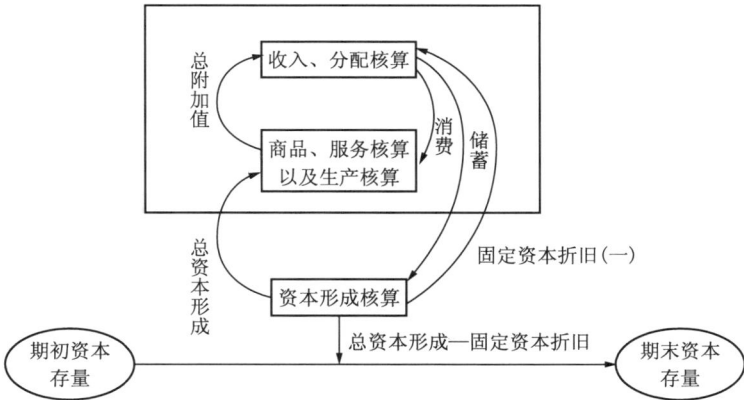

图 2－12 资本存量的累积过程

第3章　商品市场的均衡和 IS 曲线

本章将对有关商品市场的问题展开讨论。首先,以适当的函数形式定义消费函数及储蓄函数;然后,讨论以不存在国外市场和政府部门的封闭经济为前提,在给定的物价水平下,商品市场体系中的国民收入是如何决定的(均衡国民收入的决定);之后,分析随着政府支出 G 等外部条件的变化,均衡国民收入的水平是如何变化的;最后,导入表示投资(I)和利率(r)关系的投资函数 $I=I(r)$。可以得到在利率固定的条件下,投资水平将确定,商品市场体系中的均衡国民收入也会随之确定。因此,可以用一条曲线来表示利率(r)与由利率(r)决定的均衡国民收入 Y 的关系。通常,把这条表示商品市场均衡的曲线称为 IS 曲线。

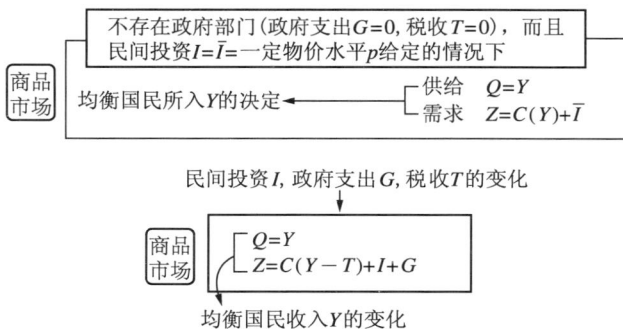

不存在政府部门(政府支出 $G=0$,税收 $T=0$),而且民间投资 $I=\bar{I}=$ 一定物价水平 p 给定的情况下

商品市场　均衡国民所入 Y 的决定 ← 供给　$Q=Y$
　　　　　　　　　　　　　　　　需求　$Z=C(Y)+\bar{I}$

民间投资 I, 政府支出 G, 税收 T 的变化

商品市场　$\begin{cases} Q=Y \\ Z=C(Y-T)+I+G \end{cases}$

均衡国民收入 Y 的变化

图 3-1　商品市场的均衡和比较静态分析

3.1 消费函数和储蓄函数

3.1.1 基本前提

在第一章,对与宏观经济分析有关的概念进行了严格的定义,本章将对在商品市场(产品市场)中国民收入是如何决定的,或者说随着外部条件的变化,国民收入是如何变化的进行分析。进而,对消费函数,储蓄函数以及投资函数等基本函数进行详细的说明。在这里,为了能够简化问题,在没有特别说明的情况下,都是基于以下4个假设展开讨论分析。

(1)该国在经济活动中没有与国外的经济往来。

(2)没有营业盈余。

(3)物价水平不变。

(4)在实际中,无论是什么样的国民经济,都存在多种利率,但是本章将在利率一定的假定下进行讨论分析。

另外,为了讨论开放经济体系,以上的假设在第8章排除了假设(1);在第6章忽略了假设(3),而是把物价水平作为可变变量处理。

在国民经济中,如果把总支出用Z表示,则Z由个人消费(C),政府支出(G),总资本(或者说总投资)(I)以及净出口($EX-IM$)构成。在假设(1)之下,总支出Z可以用如下恒等式表示。

$$Z \equiv C + I + G$$

在这里,纯粹从理论的观点出发,从生产,分配和支出三个方面对国民生产净值(记做Y)进行分析。进一步的,如果把个人可支配收入记做Y_d,净税收(税收减去补助金)记做T,Y_d可以用以下式子表示。

$$Y_d = Y - T \tag{3.1}$$

3.1.2 消费函数

依照惯例,个人计划(或者说事前的)消费水平是由个人的可

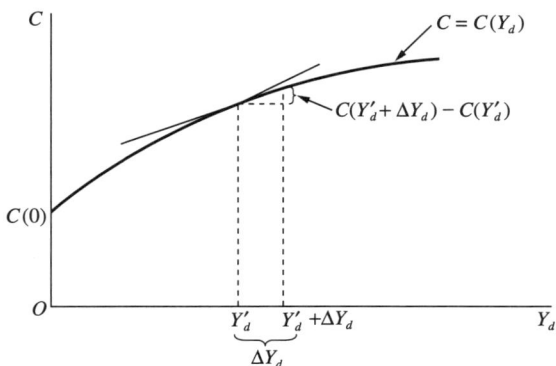

图 3 - 2　消费函数的边际消费倾向

支配收入决定的[①],因此,个人消费 C 的消费函数可记做 $C = C(Y_d)$。并且,在后面的讨论中,主要使用图 3 - 2 描述的消费函数 $C = C(Y_d)$ 进行分析。在上述消费函数的基础上,把边际消费倾向定义为如下形式。

个人可支配收入为 Y'_d 时的边际消费倾向

$\approx$ 个人可支配收入从 Y'_d 增加了微量 ΔY_d,消费 C 的变化量

$$= \frac{C(Y'_d + \Delta Y_d) - C(Y'_d)}{\Delta Y_d}$$

然而,在上述定义中,ΔY_d 是微量的这一表达比较模糊。为了避免这一模糊的表达方式,通常用 $\Delta Y_d \rightarrow 0$ 这一极限值代替 ΔY_d 是微量的对边际消费倾向进行定义,如下式所述。

个人可支配收入为 Y'_d 时的边际消费倾向

$$= \lim_{\Delta Y_d \rightarrow 0} \frac{C(Y'_d + \Delta Y_d) - C(Y'_d)}{\Delta Y_d}$$

$$= \frac{dC(Y'_d)}{dY_d} \tag{3.2}$$

其中当消费函数为线性函数形式时(参考图 3 - 3),如下式所述。

$$C = C(Y_d) = cY_d + C_0$$

---

① 在这里我们是对短期的消费函数进行讨论,所以假设只有当前收入对消费产生影响。也可以对根据将来的收入可以进行借贷的情况进行讨论。

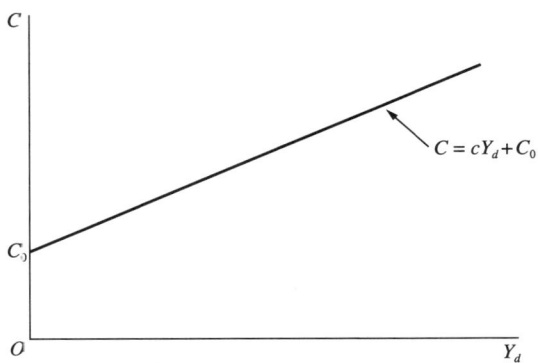

图 3 - 3　线型消费函数

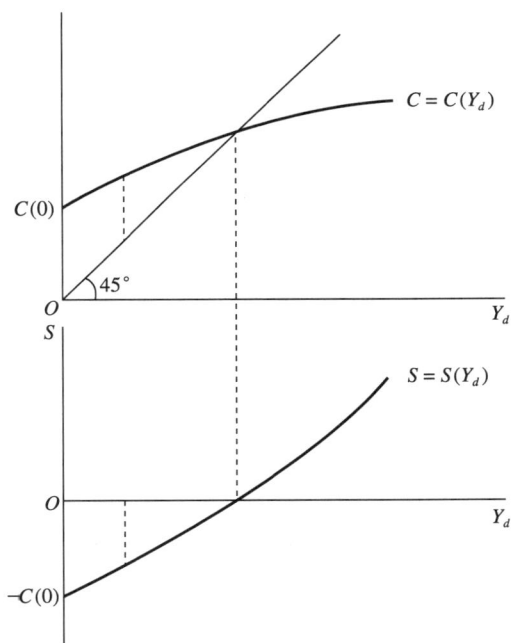

图 3 - 4　储蓄函数

对于任意的 Y_d,有边际消费倾向一定[①]。

$$\frac{dC(Y_d)}{dY_d} = c = 一定 \qquad (3.3)$$

3.1.3 储蓄函数

对于任意的 Y_d,对应的计划储蓄 S 的**储蓄函数**记做 $S = S(Y_d)$。在上述消费函数的基础上,对应的储蓄函数用以下公式表示:

$$S(Y_d) = Y_d - C(Y_d) \qquad (3.4)$$

在这里,把边际储蓄倾向记做 $\dfrac{dS(Y_d)}{dY_d}$,对于任意的 Y_d,有

$$\frac{dS(Y_d)}{dY_d} = 1 - \frac{dC(Y_d)}{dY_d} \qquad (3.5)$$

将消费函数 $C = C(Y_d)$ 视为已知,储蓄函数 $S = S(Y_d)$ 对应的曲线可用图 3 - 4 表示。

3.2 均衡国民收入

3.2.1 均衡国民收入的决定

凯恩斯之前的古典学派经济学家都主张:因为供给能创造自己的需求,所以过剩生产是不存在的这一萨伊定律是正确的。虽然当价格是充分伸缩的时候,萨伊定律能够成立。但是,在现实中,供给量往往依存需求的多少而进行调整。因此,本章是以凯恩斯(J. M. Keynes)的"需求决定供给"这一有效需求原理为基础,进行讨论。

为了简化讨论,现假设政府不存在。因此,在短期,总投资 I 依

---

① 在这里对消费函数的设定,即,消费函数的相关争论进行简单的说明。凯恩斯的线性消费函数以 $C = cY + C_0 (0 < c < 1)$ 来表示。此函数中的平均消费倾向 (C/Y) 伴随着 Y 的减少而缩小。此性质在短期数据的实证分析中得到了验证。可是,库兹涅茨对长期时序列数据进行分析,得到平均消费倾向并不是国民收入的减函数的结论。由此出现了消费函数争论,其中包括詹姆斯·S·杜森贝里的相对收入假说,F·莫迪利安尼和 R·布伦贝格、A·安东的生命周期假说以及弗里德曼的恒常收入理论等。

存于利率,用函数 $I = I(r)$ 表示。这意味着如果利率是一定的,投资也是一定的。并且,如果把对应充分就业制度下的国民收入记做 Y_f,本节假定经济处于 Y_f 之下也即处于过小雇佣均衡的状态,在此基础上进行考察。在这里因为假设政府不存在,也就是 $T = 0$,$Y_d = Y$,所以消费函数用以下公式表示。

$$C = C(Y_d) = C(Y) \qquad (3.6)$$

另外,当投资处于 $\bar{I}$ 的时候,总支出被表示为

$$C(Y) + \bar{I} \qquad (3.7)$$

此时总供给 = 总需求的均衡状态可表示为[①]

$$Y = C(Y) + \bar{I} \qquad (3.8)$$

并且,储蓄和投资相等,记做

$$S(Y) = \bar{I} \qquad (3.9)$$

上述关系成立时的国民收入 Y 被称为**均衡国民收入**。

$$\boxed{均衡国民收入的决定} \longleftarrow \begin{cases} Y = C(Y) + \bar{I} \\ 或者 \\ S(Y) = \bar{I} \end{cases}$$

图 3-5 均衡国民收入的决定条件

关于计划储蓄和投资的均衡关系必须和在第 1 章第 3 节介绍的净投资和储蓄的恒等关系进行严格的区分,在宏观经济学中对于这点的理解是非常重要的。

图 3-6 是表示均衡国民收入的图。此图对应的是公式(3.8)和(3.9),均衡国民收入可从以下两种方法求出。一种是利用公式(3.8),另一种是通过图(a)进行说明。根据收入、产出和支出的恒等关系,利用 45 度线,能够求出均衡国民收入 Y^*。像这样,利用 45 度线求出均衡国民收入的方法叫做**45 度线分析**。同样的,图(b)中的均衡国民收入表示为储蓄和投资相等的时候的 Y^*。

① 国民收入 Y 给定的情况下,根据三面等价原理,包括在库投资的支出和供给与国民收入 Y 相等。需要注意的是,与此相关的讨论中,我们并没有涉及实际生产与供给的可能性。从短期来看,生产和供给的可能性是由雇佣水平和生产技术决定的。在现阶段的讨论中不对实际生产与供给的可能性考虑。因此,这里所决定的均衡国民收入水平是"生产和供给一定会满足需求"这一假定下,单纯由需求这一方决定的国民收入水平。对此,我们将在第 6 章进行详细说明。

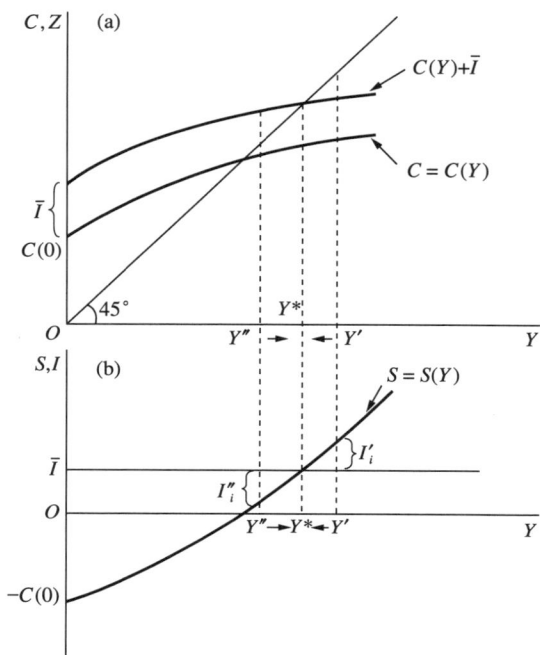

图 3-6　凯恩斯交差图中的均衡国民收入的决定及其稳定性

3.2.2　均衡国民收入的稳定性

接下来,利用图3-6,对当均衡存在偏离的时,恢复均衡的调整过程进行说明。在国民收入是Y'的时候,因为总支出低于总产出量Y',而且储蓄大于投资,因此,产生了多余的在库资本I_i。如果这样的情况持续下去,企业会减少生产量,国民收入朝着Y^*的方向移动。

另一方面,国民收入是Y''的时候,因为总产出量低于总支出,并且投资大于储蓄,因此,产生了在库资本I_i的减少。在这样的情况下,企业增加生产,国民收入朝着Y^*的方向移动。这里,都是在物价水平不变而以数量调整为前提下进行的讨论(参考图3-7)。

> 计划性储蓄>计划性投资 ⇒ Y减少
> 计划性储蓄<计划性投资 ⇒ Y增加

图 3-7　均衡国民收入的稳定性

3.3 简单的乘数理论

3.3.1 线性的消费函数和均衡国民收入水平的决定

接下来,利用以下的线性消费函数,求均衡国民收入,同时对投资 $\overline{I}$ 增加了 ΔI 的时候,均衡国民收入是如何变化得进行考察。

$$C = cY + C_0 (0 < c < 1, C_0 > 0)$$

$$I = \overline{I}$$

(政府消费) $G = 0$,(净税收) $T = 0$

根据上面的公式,商品市场的均衡条件是通过以下公式给定的(参考图 $3-8$)。

$$Y = cY + C_0 + \overline{I} \tag{3.10}$$

因此,

$$Y = \frac{1}{1-c}(C_0 + \overline{I}) \tag{3.11}$$

在这里,把均衡国民收入记做 Y_1。

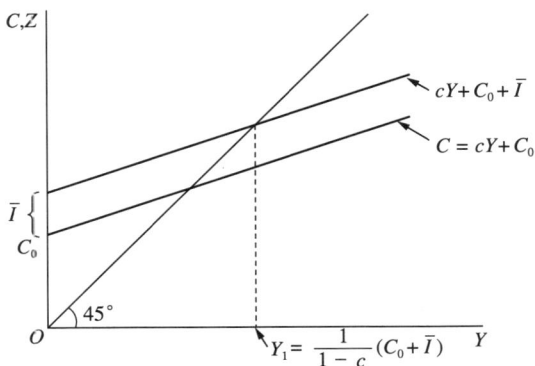

图 $3-8$ 线性消费函数和均衡国民收入

3.3.2 乘数理论

接下来,在上述的经济条件下,如果投资 $\overline{I}$ 增加了 ΔI,并且把国民收入的增加量记做 ΔY,将通过以下的公式说明 ΔY 是怎么被求出来的。

$$Y_1 + \Delta Y = c(Y_1 + \Delta Y) + C_0 + \bar{I} + \Delta I \qquad (3.12)$$

并且,在投资是 $\bar{I}$ 的时候,Y_1 的均衡条件式是

$$Y_1 = cY_1 + C_0 + \bar{I} \qquad (3.13)$$

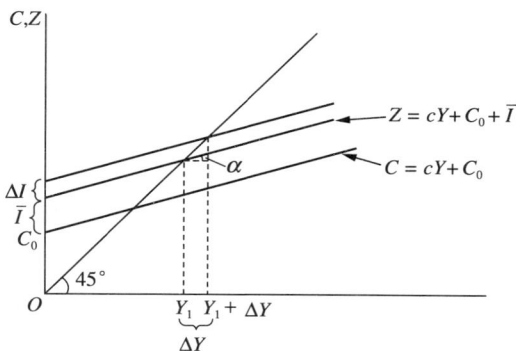

图 3 - 9 乘数理论

因此有,

$$\Delta Y = c\Delta Y + \Delta I \qquad (3.14)$$

利用图 3 - 9,因为 $\tan \alpha = c$,所以计算得

$$\Delta Y = \frac{1}{1-c}\Delta I \qquad (3.15)$$

因此有,

$$\Delta Y = c\Delta Y + \Delta I \qquad (3.16)$$

$$\Delta Y = \frac{1}{1-c}\Delta I \qquad (3.17)$$

在这里,$\dfrac{\Delta Y}{\Delta I}$ 被称做**投资乘数**,或者简单地说是**乘数**。这种情况下,乘数是通过 $\dfrac{1}{1-c}$ 计算给定的[①]。例如,边际消费倾向如果是 0.8,那么乘数就是 5。

(2) 为了赋予以上讨论经济学上更加明确的说明,在这里把投资的增加效果作为累积性的过程进行考虑。和上述的讨论相同,假设投资需求变动量为 ΔI 的时候,因为国民经济的生产能力有剩

---

① 我们建议在学习了包含货币市场分析的 *IS - LM* 体系中的 Hicks 体制之后,再次思考该结论的含义。大家也将会理解乘数理论的局限性。

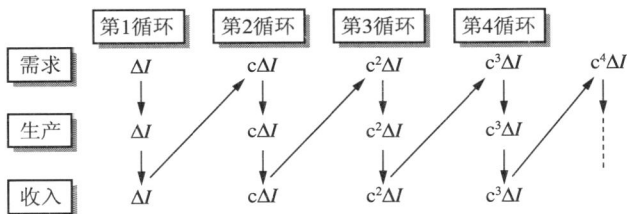

图 3-10　乘数（累积的过程）

余,所以 ΔI 的投资可以被生产。并且,根据没有营业盈余的假设,法人留存收益的漏洞不存在,那么,对于 ΔI 的生产物的生产,等于 ΔI 价值收入的支付。因此,在第一期,产生了 ΔI 的追加收入。因为消费倾向是 c,在收入的追加部分 ΔI 中,产生了 $c\Delta I$ 的消费需求,因此,在第二阶段,新的消费财的追加生产变成了 $c\Delta I$。像图 3-10 那样,在第三阶段,第四阶段 …… 国民收入的增加量 ΔY 用以下公式表示。

$$\Delta Y = \Delta I + c\Delta I + c^2\Delta I + c^3\Delta I + \cdots$$
$$= \Delta I(1 + c + c^2 + c^3 + \cdots) = \frac{1}{1-c}\Delta I \quad (3.18)$$

3.4　政府支出和税收

3.4.1　功能性财政

本节,在简单的模型的基础下,对关于总需求管理政策的问题进行分析。具体来说,即在商品市场,对政府支出 C 和净税收 T 的变化是如何影响均衡国民收入的这一**功能性财政**的问题进行考察(参考图 3-11)。

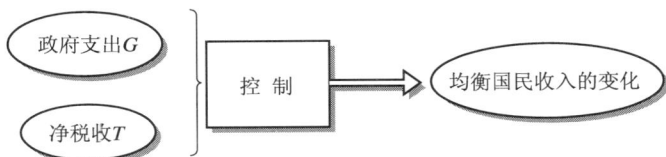

图 3-11　功能性财政

3.4.2　通货紧缩缺口和通货膨胀缺口

为了实现充分就业制度下的国民收入,如果可以判断多大程度的需求没有得到满足,就可以确定政府支出的追加额,这样在经济运营上是非常有利的,这里将对如何处理这个缺口的问题进行讨论。一般的,定义缺口的指标为:

缺口的指标＝(充分就业制度下的国民收入水平 Y_f 之下的总需求)－(充分就业制度下的收入水平 Y_f)

上述公式中,缺口的指标若为正,叫做通货膨胀缺口,若为负则叫做通货紧缩缺口。并且,各个缺口自身都用其绝对值表示。

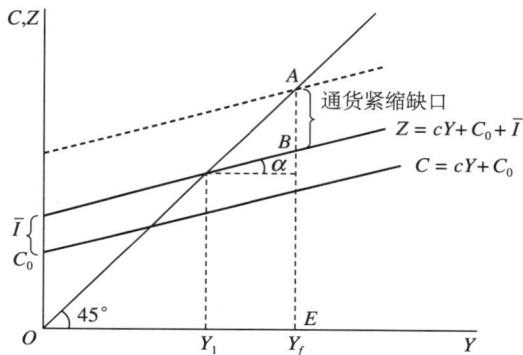

图 3 - 12　通货紧缩缺口

像图 3 - 12 那样,消费函数是线性的时候,通货紧缩缺口用以下公式表示。

通货紧缩缺口(AB)＝[充分就业制度下的国民收入水平(Y_f)]－[Y_f 下的总需求(BE)]

现在,用政府消费的增加量 ΔG 表示通货紧缩缺口,这时,收入的增加量可用以下公式表示。

$$(Y_f - Y_1) = \frac{1}{1-c}\Delta G \qquad (3.19)$$

$$[c = \tan\alpha, \ c(Y_f - Y_1) + \Delta G = Y_f - Y_1]$$

图 3 - 13 则是表示通货膨胀缺口的图。通货膨胀缺口用线段(EF)表示。通货膨胀缺口存在的时候,总需求超过了**充分就业制度下的国民收入**所对应的产出量。因此对雇佣产生了过量需求。

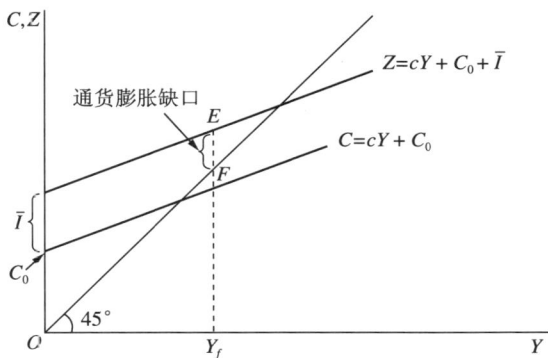

图 3－13　通货膨胀缺口

结果,引起了物价的上升,也即产生了通货膨胀。像这样,通货膨胀缺口存在的时候,对于政府,需要采取抑制总需求的财政政策。在这里,将存在通货膨胀缺口或者通货紧缩缺口的时候,政府所采取的缺口解除政策定义为**补充性财政政策**。

3.4.3　定额税制下的预算平衡原理

接下来,对下面的经济状况进行考察。

$$C = cY_d + C_0, Y_d = Y - T$$
$$I = \bar{I} = \text{一定}$$
$$G = 0, T = 0$$

均衡国民收入由下式给出。

$$Y_1 = \frac{1}{1-c}(C_0 + \bar{I})$$

导入政府部门,通过控制政府支出 G 和净税收 T,分析国民收入将发生什么变化。

在定额税(lump-sum tax)制下,有

$$C = cY_d + C_0$$
$$Y_d = Y - T$$
$$I = \bar{I} = \text{一定}$$
$$G = \bar{G} = \text{一定}$$
$$T = \bar{T} = \text{一定}$$

在商品市场,均衡条件用下式表示。

$$Y = C_0 + c(Y - \overline{T}) + \overline{I} + \overline{G} \tag{3.20}$$

$$Y = \frac{C_0 + \overline{I}}{1 - c} + \frac{\overline{G}}{1 - c} - \frac{c\overline{T}}{1 - c} \tag{3.21}$$

把上述的均衡国民收入记做 Y_2。政府支出(G)从 $\overline{G}$ 增加了 ΔG 的时候,国民收入的增加量 ΔY 可通过下式计算得出

$$\Delta Y = \frac{1}{1 - c} \Delta G \tag{3.22}$$

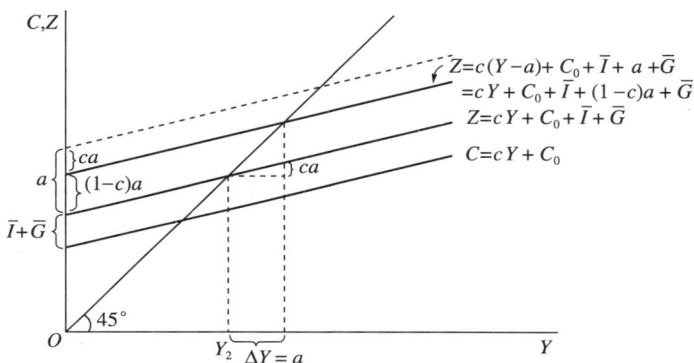

图 3 – 14　预算平衡原理的图示

即有,

$$\frac{\Delta Y}{\Delta G} = \frac{1}{1 - c} \tag{3.23}$$

净税收增加了 ΔT 的时候,国民收入的增加量 ΔY 是

$$\Delta Y = \frac{-c}{1 - c} \Delta T \tag{3.24}$$

即有,

$$\frac{\Delta Y}{\Delta T} = \frac{-c}{1 - c} \tag{3.25}$$

在此考虑当政府支出的增加量 ΔG 和追加的税收额 ΔT 一致时,也即有 $\Delta G = \Delta T = a$ 亿日元(参考图3-14),此时国民收入的变化量是

$$\frac{1}{1 - c} \times a \text{ 亿日元} + \frac{-c}{1 - c} \times a \text{ 亿日元} = a \text{ 亿日元} \tag{3.26}$$

通过(3.26)式可以得到,当政府支出和净税收同时增加 a 亿日

元时,那么国民收入也将增加 a 亿日元。通常,把上述条件称为**基于定额税制的预算平衡原理**,或者简单记为**预算平衡原理**。

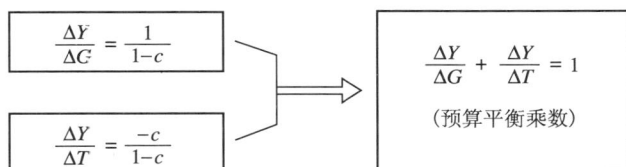

$$\frac{\Delta Y}{\Delta G} = \frac{1}{1-c}$$

$$\frac{\Delta Y}{\Delta T} = \frac{-c}{1-c}$$

$$\frac{\Delta Y}{\Delta G} + \frac{\Delta Y}{\Delta T} = 1$$

（预算平衡乘数）

图 3 - 15　预算平衡乘数

接下来考虑基于 G 的乘数效应,由下式给出

$$\frac{1}{1-c} \tag{3.27}$$

基于 T 的乘数效应有

$$\frac{-c}{1-c} \tag{3.28}$$

可得两者的和为

$$\frac{1}{1-c} + \frac{-c}{1-c} = 1 \tag{3.29}$$

像这样,在追加预算均衡的情况下,同时增加政府收入（净税收）和政府支出的乘数效应和为 1。通常,把上述条件称为平衡预算乘数（参考图 3 - 15）。

3.4.4　比率税制下的预算平衡原理

为了使模型更进一步的接近现实经济,本节将对比率税制进行考察。

在比率税制下,有

$$C = cY_d + C_0$$
$$Y_d = Y - T$$
$$I = \bar{I}$$
$$G = \bar{G}$$
$$T = tY (0 < t < 1)$$

在商品市场,均衡条件用以下式子表示（由 3.20 导出）。

$$Y = C_0 + c(1-t)Y + \bar{I} + \bar{G} \tag{3.30}$$

把上述的均衡国民收入记做 Y_3。政府支出(G) 从 $\overline{G}$ 增加了 ΔG 的时候,国民收入的增加量 ΔY 可通过下式计算得出

$$Y = \frac{1}{1-c(1-t)}(C_0 + \overline{I} + \overline{G}) \qquad (3.31)$$

$$\Delta Y = \frac{1}{1-c(1-t)}\Delta G \qquad (3.32)$$

同样的,投资 I 增加了 ΔI 的时候,国民收入的增加量 ΔY 计算可得(参考图 3-16)

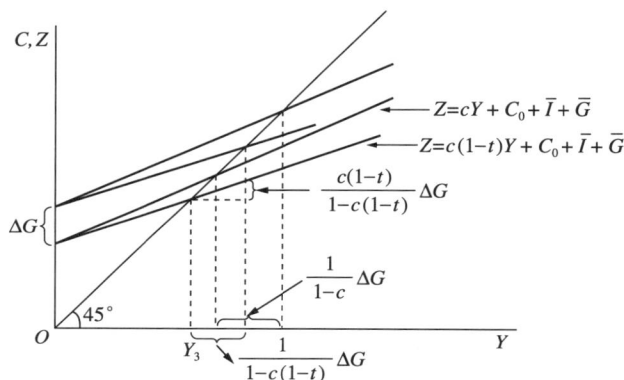

图 3-16　比率税制下的乘数

$$\Delta Y = \frac{1}{1-c(1-t)}\Delta I \qquad (3.33)$$

这时,乘数是

$$\frac{1}{1-c(1-t)} \qquad (3.34)$$

与刚才的乘数 $1/(1-c)$ 比较,由 $1-c < 1-c(1-t)$,可得

$$\frac{1}{1-c} > \frac{1}{1-c(1-t)} \qquad (3.35)$$

因此,在比率税制下,即使有相同数量的政府支出或者投资的增加,国民收入的创造效果也钝化了。

由以上分析可以得知,民间投资的变动可以导致经济的变动。并且,乘数的值越大,经济的变动越快。在这个意义上,比率税制的导入能够减小乘数值,以达到使经济自动安定化的作用。因此,比率税制的导入措施作为自动安定装置之一,发挥着作用。在现

宏观经济学要点

实经济中,比率税制之外,还有像失业保险给付这样的社会保障制度和累进税制等作为自动安定装置,也发挥着作用。并且,累进税制拥有提高比率税制自动安定化效果的机能(参考图 3-17)。

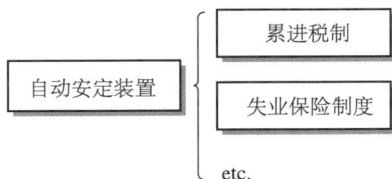

图 3-17 自动安定装置

3.5 投资函数

在上面的分析中,都是在把利率作为固定值,并且把投资也作为固定值的基础上进行讨论的。第 1 章已经简单地介绍了投资,在本节将对投资进行更加详细的说明。投资(资本构成)由企业的设备投资,住宅投资和在库投资构成。利率改变了,投资也将跟着改变。并且,伴随着利率的上升(下降),投资也将跟着下降(上升)。表示实际利率 r 和投资的关系的函数 $I = I(r)$ 被称作投资函数[①]。投资函数曲线可用图 3-18 表示。

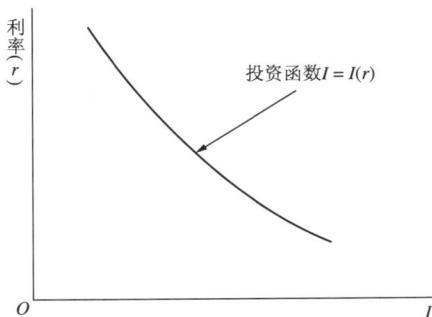

图 3-18 投资函数

---

① 费雪方程式用下面的式子表示 $i = r + \pi$

$i = $ 名目利息,$r = $ 实际利息,$\pi = $ 通货膨胀率。在这里如果把预测通货膨胀率用 π^e 表示,投资函数被写做 $I = I(r) = I(i - \pi^e)$。

3.6 *IS* 曲线

3.6.1 *IS* 曲线的导出

在商品市场中,如果政府支出 $\overline{G}$,净税收 $\overline{T}$ 以及利率 r 都是一定的,均衡国民收入 Y 可由以下公式导出。

$$Y = C(Y - \overline{T}) + I(r) + \overline{G} \tag{3.36}$$

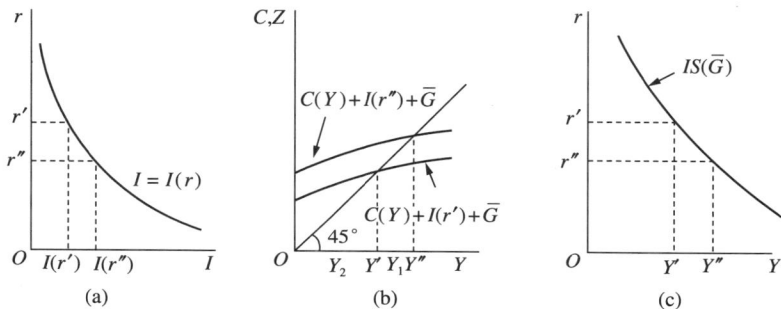

图 3‑19 *IS* 曲线的推导过程

接下来考虑在利率 r' 和 $r''(r' > r'')$ 之下,如何求出各自满足上述条件的国民收入。首先,根据投资函数 $I = I(r)$,以及各自利率 r' 和 r'' 之下的投资水平 $I(r'), I(r'')$,有 $[I(r') < I(r'')]$[见图 3‑19(a)]。因此,由图 3‑19(b) 可知,利率是 r' 的时候,国民收入为 Y',利率为 r'' 的时候,国民收入是 Y''。同样的,如果让利率连续变化,就能求出所有满足均衡条件的国民收入水平 Y,因此可以得到像图 3‑19(c) 那样向右下弯曲的曲线①。

---

① 关于 *IS* 曲线向右下弯曲的推导如下。首先把表示利息与均衡国民收入关系的函数记做 $r(Y)$,均衡国民收入公式的两边对 Y 微分。$1 = \dfrac{dC}{dY} + \dfrac{dI}{dr} \cdot \dfrac{dr}{dY}$

$\therefore \dfrac{dr}{dY} = \dfrac{1 - \dfrac{dC}{dY}}{\dfrac{dI}{dr}}$ 在上面的式子里,因为 $0 < \dfrac{dC}{dY} < 1, \dfrac{dI}{dr} < 0$ 所以 $\dfrac{dr}{dY} < 0$。因此 *IS* 曲线向右下弯曲。

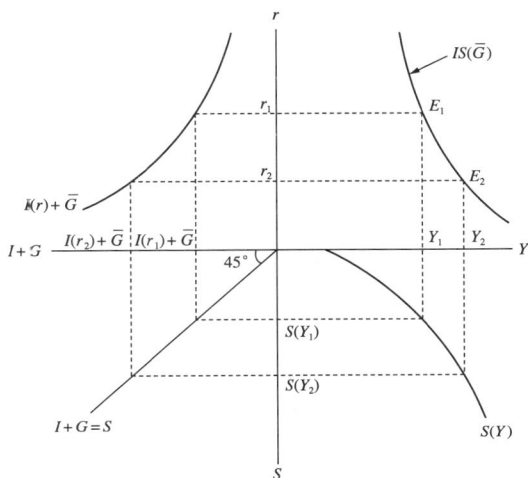

图 3 - 20   IS 曲线的推导

3.6.2   政府支出 G 的变动和 IS 曲线的移动

将以上的讨论作为前提,对 IS 是如何移动的进行分析。在利率 r' 给定的时候,如果 G 从 $\overline{G}$ 增加到 $\overline{G} + \Delta G$,即有总需求移动到 $C(Y) + I(r') + \overline{G} + \Delta G$,因此均衡国民收入上升,IS 曲线将向右上方移动 (参照图 3 - 20)。

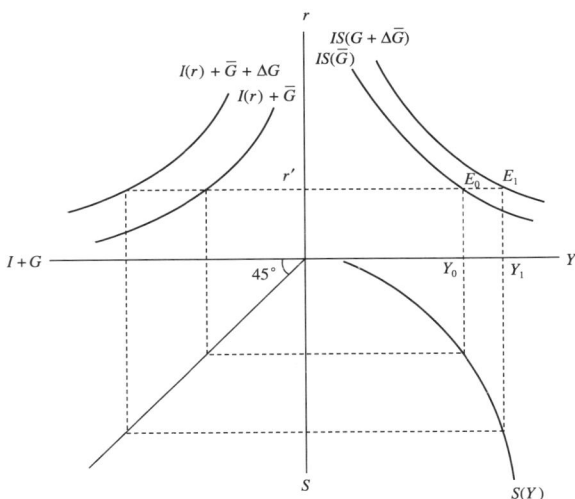

图 3 - 21   财政政策和 IS 曲线的移动

3.6.3 商品市场非均衡状态的调整

在 $G = \overline{G}$ 的前提下,在上一小节中,表示商品市场均衡状态的 IS 曲线被推导出来了。商品市场非均衡状态的时候,会发生什么样的事情呢?关于这个问题,把利率固定在 r',利用图 3-19(b),进行分析。首先,在 IS 曲线的右边,例如,如图 3-22 所示,经济处于(Y_1,r')的时候,因为总供给大于总需求,产生了过度供给,因此国民收入将朝着 Y' 的方向移动。另一方面,在 IS 曲线的左边,例如,经济处于(Y_2,r')的时候,因为产生了过度需求,所以国民收入将朝着 Y' 的方向移动。

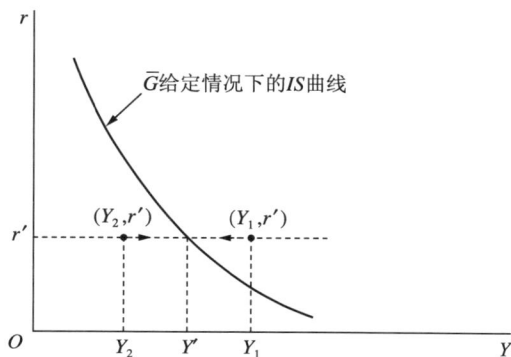

图 3-22 商品市场的非均衡调整

第 3 章总结

1. 个人的可支配收入所对应的个人消费函数称作消费函数。

2. 在个人可支配收入 Y_d 下的边际消费倾向由个人可支配收入 Y_d 增加一个单位时,个人消费增加值所表示。

3. 消费函数为线性函数($C = cY_d + C_0$)时,边际消费倾向为常数 c。

4. 如果把消费函数记为 $C = C(Y_d)$,储蓄函数 $S = S(Y_d)$ 可用以下公式表示。

$$S(Y_d) = Y_d - C(Y_d)$$

5. 储蓄和投资相等时候的国民收入称为均衡国民收入。

6. 投资乘数用以下公式表示。

$$\frac{\Delta Y}{\Delta I} = \frac{1}{1-c}(c\,是边际消费倾向)$$

7. 基于充分就业制度下的国民收入 Y_f 的总需求比充分就业制度下的国民收入 Y_f 大（或者小）的时候,存在通货膨胀缺口（或者通货紧缩缺口）。

8. 假设税收和政府支出如果同时增加 a 亿日元,那么就能带来 a 亿日元国民收入的增加,通常,把上述条件称为基于定额税制的预算平衡原理。

9. 比率税制 $(T = tY)$ 下,乘数是 $\dfrac{1}{1-c(1-t)}$,于是 $\dfrac{1}{1-c}$ $> \dfrac{1}{1-c(1-t)}$。

10. 作为自动安定装置的代表,除了有失业保险给付那样的社会保障制度或者累进税制等,比率税制的导入措施也是自动安定装置之一。

第 4 章 货币市场的均衡和 LM 曲线

在本章的 4.1 和 4.2 节中将分析探讨货币需求和供给,并且在 4.3 导入 LM 曲线。本章中货币需求用 Y 和 r 的函数表示,同时货币供给给定。所谓 LM 曲线,是描述货币市场达到均衡时 (Y, r) 的曲线。

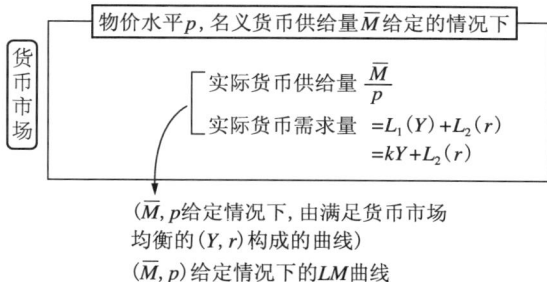

```
┌─────────────────────────────────────────┐
│        物价水平p,名义货币供给量M给定的情况下        │
│  ┌────┐                                  │
│  │货币│  ┌ 实际货币供给量 M/p                │
│  │市场│  │                              │
│  └────┘  └ 实际货币需求量 =L₁(Y)+L₂(r)      │
│                         =kY+L₂(r)        │
└─────────────────────────────────────────┘
```

$(\overline{M}, p$ 给定情况下, 由满足货币市场均衡的 (Y, r) 构成的曲线)

$(\overline{M}, p)$ 给定情况下的 LM 曲线

图 4 - 1 货币市场的均衡和 LM 曲线

4.1 货币需求

4.1.1 货币的职能和范围

上节在限定的商品市场中展开的讨论过程中,如果利率固定在某个值的话,投资量将得以确定,与此同时可以确定商品市场中的国民收入均衡水平。本节在将利率作为变量进行考虑的基础

上,重新分析货币市场①。

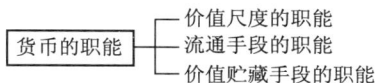

```
                        ┌── 价值尺度的职能
            ┌───────┐    ├── 流通手段的职能
            │货币的职能│────┤
            └───────┘    └── 价值贮藏手段的职能
```

图 4‑2　货币的职能

　　首先简单回顾一下货币的职能(参考图 4‑2)。在日本,日元作为货币单位而存在并且理所应当的作为各种商品价值、服务价值的计算单位而使用,即表示货币拥有价值尺度的职能。另外,货币的存在解除了物物交换的繁琐细节,使交易得以高效率地顺利进行,即表示货币拥有作为流通手段的职能。最后,把商品换成货币保存起来,在将来可以购买相应价值的商品,即表示货币拥有作为贮藏手段的职能。

　　接下来讨论货币的范围问题。一千日元和一万日元的纸币是日本银行的法定用货币,十日元硬币和一百日元硬币等作为辅助货币。在经济学上,考虑到流动性,通常把现金通货和存款称作

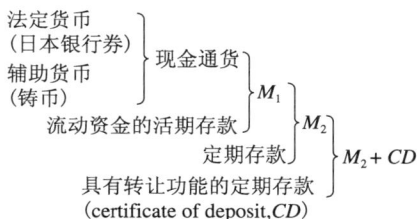

```
法定货币
(日本银行券) ┐
            ├ 现金通货 ┐
辅助货币     ┘          │
(铸币)                 ├ M₁ ┐
                        │    │
流动资金的活期存款 ──────┘    ├ M₂ ┐
                             │    │
定期存款 ────────────────────┘    ├ M₂+CD
                                  │
具有转让功能的定期存款 ───────────┘
(certificate of deposit,CD)
```

图 4‑3　货币的范围

货币。问题是存款包含什么样的范围?随着支付手段的急速变化,信用卡、银行卡被广泛使用;企业活期存款和普通活期存款作为流

---

　　①　以下的分析中,将货币以外的所有资产都是视为货币的替代物。当然,也可以解除该条件,但是为了简化分析我们做出了上述假设。在本章,我们没有涉及资产市场(或者说是债券市场)的供需均衡问题。我们需要对由商品市场、货币市场构成的一般体系下的均衡问题进行讨论,可是在现实中的货币市场和资本市场中存在下面的财富制约条件即,众所周知的瓦尔拉斯法则。

$$L+\frac{B_d}{p}=\frac{W}{p}=\frac{M}{p}+\frac{B_s}{p}$$

即,

$$\left(L-\frac{M}{p}\right)+\frac{1}{p}(B_d-B_s)=0$$

这里,L 表示实际货币需求量,M 表示名义货币供给量,B_s 和 B_d 表示债券的供给和需求。本章只对商品市场和货币市场的均衡展开讨论。

动资金,其流动性也很高。在此,把流动的现金货币和流动资金的活期存款称作 M_1;把定期存款称作 M_2。把添加了可转让功能的定期存款 CD 称作 M_2+CD;另外,把包含在 M_2 里的邮局存款和信托资金称作 M_3。下面就按照惯例,把图 4-3 的 M_2 或者 M_2+CD 称作货币。

4.1.2 基于交易动机和预防动机的货币需求

以上面的讨论为前提,接下来讨论分析对货币的需求。凯恩斯认为家庭或者企业对于货币的需求出自于以下三种动机:交易动机、预防动机和投机动机。

基于交易动机的货币需求在货币作为流通手段的职能中得以体现,即基于交易动机的货币需求,出于应付日常合理的商品交易的理由,货币作为必要的资金,随着经济规模的扩大有增加的趋势。基于预防动机的货币需求,是指为了应付突发事件而事先准备的货币需求。这种货币需求和交易动机的货币需求一样,随着经济规模的扩大,有增加的趋势。所以基于这两种动机的货币需求都依存于经济的规模,又因为经济规模可以近似的用国民收入水平 Y 进行表示,所以如果把基于交易动机的货币需求和预防动机的货币需求加总为 L_1,就可以用以下函数表示:

$$L_1 = L_1(Y) \tag{4.1}$$

因为没有必要把讨论繁琐化,所以将函数简化为下述形式进行讨论(参考图 4-4)。

$$L_1 = kY \tag{4.2}$$

在此,k 是被称为**马歇尔系数**的正常数。

4.1.3 债券价格和利率的关系

我们以永久债券即无期债券为例进行说明。以面值为 D 日元,对应利率为 θ 的无期债券为例进行讨论。在竞争市场中,债券价格在将来和现在价值一致的时候,以利率 r 的函数表示为

债券价格

$$= \frac{\theta D}{1+r} + \frac{\theta D}{(1+r)^2} + \frac{\theta D}{(1+r)^3} + \frac{\theta D}{(1+r)^4} + \cdots$$

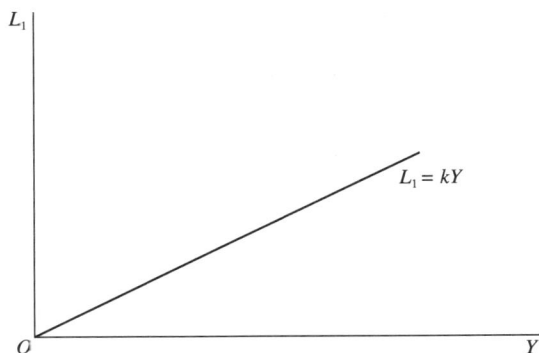

图 4-4 基于交易动机和预防动机的货币需求

$$= \frac{\theta D}{1+r} \left\{ \frac{1}{1 - \frac{1}{(1+r)}} \right\} = \frac{\theta D}{r}$$

即有利率低的时候债券价格高,反之亦成立。

4.1.4 基于投机动机的货币需求

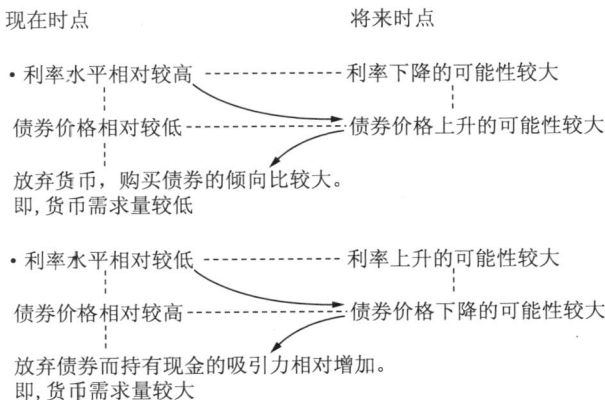

图 4-5 基于投机动机的货币需求

在前面有关货币的职能和范围的章节中,说到了货币作为贮藏手段的职能,由此职能而产生的货币需求,称作基于投机动机的货币需求。基于投机动机的货币需求,依存于现行利率和期待利率的差额变动。在短时间内,即使把期待利率看做是固定不变的,也不会对结果产生影响。下面，在指定的某个短期时间内，假设在此期间内期待利率(r^e)固定不变进行讨论(参考图 4-5)。在此前提下现行市场利率相对高(低)的时候，各种债券价格会处于相对低(高)的水平。这是因为现行市场利率相对高(低)的时候，因为期待利率(r^e)的关系，可以预估债券价格将会下跌(上涨)。当预测到市场利率下跌(上涨)的时候，就会判断将来债券价格将会上涨(下跌)。现行市场利率相对较高的时候，对于个人而言，会期待债券价格上升，于是倾向于放弃具有安全性和流动性的货币而购买拥有高收益的债券。相反，在市场利率相对较低的时候，考虑到安全性和流动性，购买债券的吸引力将相对减少。由此得到，作为投机动机的货币需求量 L_2 和利率 r 的函数可以表示为

$$L_2 = L_2(r) \qquad (4.3)$$

以下，在以上讨论的基础上，讨论(L_2, r)平面上的曲线性质(通常，称这为流动性偏好表)。在图 4-6 中，在利率水平 $\underline{r}$ 的情况下，把$\underline{L_2}$ 以上的量对应为 L_2。所以说，严格来说 r 和 L_2 的关系用函数 4.3 表示是不确切的。但是这里为了避免符号的繁杂，要充分注意 r 变量基础上 L_2 的值变化，在此基础上引入函数 $L_2 = L_2(r)$。$\underline{r}$ 的对应部分，也就是在利率弹性(elasticity)无限大的部分，被称作**流动性陷阱**(liquidity trap)。

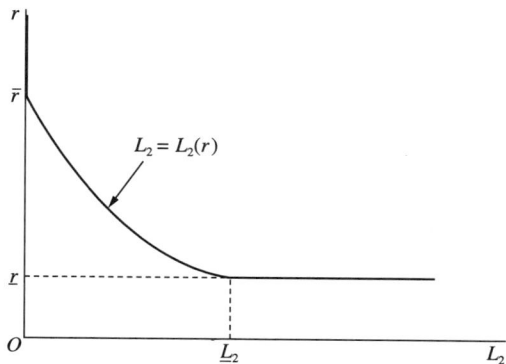

图 4-6 基于投机动机的货币需求

4.2 货币供给和货币乘数

关于货币供给，以下重要的关系式成立[1]（参考图 4 - 7 及图 4 - 8）：

$$M = \left(\frac{\hat{c_u} + 1}{\hat{c_u} + \hat{\gamma}} \right) \hat{H} \tag{4.4}$$

在上式中，货币供给量 M 用以下变量表示：高能货币 $\hat{H}$、现金存款比 $\hat{c_u}$、日银存款与贷款比率 $\hat{\gamma}$。后面也将提到，$\hat{c_u}$ 和 $\hat{H}$ 作为已知条件，随着日银存款和存款比率的上升（下降），货币供给量减少（增加）。这样，货币供给以高能货币为基础，被当局政府运用各种手段所控制。那么，在上式中，高能货币 $\hat{H}$ 增加 ΔH，如果货币供给量增加 ΔM，以下关系成立。

资　　　产	负　　　债
对外资产	现金货币发行量 $c(u)$
面向政府的信用发行	日银存款（R）
面向金融机构的信用	政府存款
其他资产	其他负债

图 4 - 7　日本银行的资产、负债核算

$$\boxed{\frac{\Delta M}{\Delta H} = \frac{\hat{c_u} + 1}{\hat{c_u} + \hat{\gamma}}} \cdots \text{货币乘数}$$

图 4 - 8　货币乘数

$$\Delta M = \left(\frac{\hat{c_u} + 1}{\hat{c_u} + \hat{\gamma}} \right) \Delta H \tag{4.5}$$

在这个式子中，当高能货币有所增加的时候，会创造出它的 $(\hat{c_u} + 1)/(\hat{c_u} + \hat{\gamma})$ 倍的货币供给量，所以，把 $(\hat{c_u} + 1)/(\hat{c_u} + \hat{\gamma})$ 叫做**货币乘数**。

---

[1]　对于此关系式的推导，请参考第 9 章。

4.3 货币市场均衡和 *LM* 曲线

4.3.1 *LM* 曲线的推导

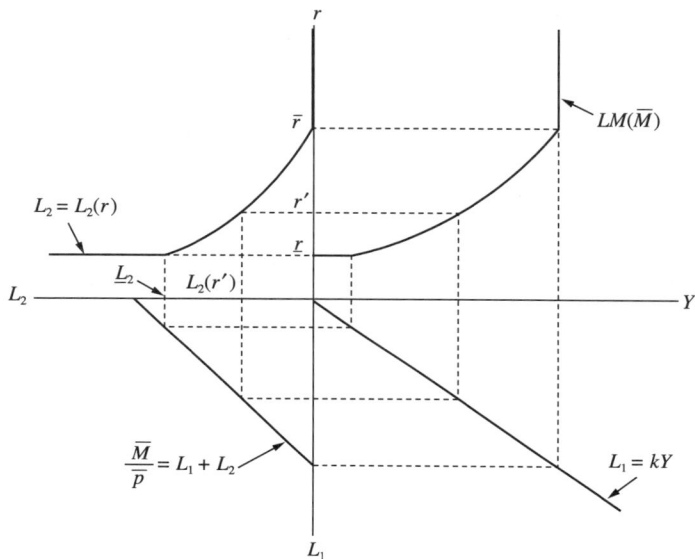

图 4-9 *LM* 曲线的推导

在以上结论的前提下,讨论货币市场的供给和需求的均衡问题。本章以下面公式为基础,把物价水平 $\overline{p}$ 作为固定值进行考虑。

首先,把货币供给量作为已知条件,即 $M = \overline{M}$,先假定在货币市场上需求和供给是均衡的。在货币市场中,达成货币需求和供给平衡的国民收入 Y 和利率 r 的关系为

$$kY + L_2(r) = \frac{\overline{M}}{\overline{p}}, Y \geqslant 0, r \geqslant 0 \qquad (4.6)$$

这样,(Y,r) 在 (Y,r) 平面内描绘出来的曲线,通常称为 *LM* 曲线。以下,把该曲线称为 $LM(\overline{M})$ 曲线。图 4-9 表示出了在 $\overline{M}$ 的基础下 *LM* 曲线的推导过程。

在图 4-9 的第 2 象限,描绘了投机动机的货币需求 $L_2 = L_2(r)$,在第 3 象限,表示了 $\overline{M}/\overline{p} = L_1 + L_2$ 的对应部分。在第 4 象

限,描绘出了预防动机的货币需求 $L_1 = kY$。在第 1 象限,导出了在 $\overline{M}$ 下的 LM 曲线。

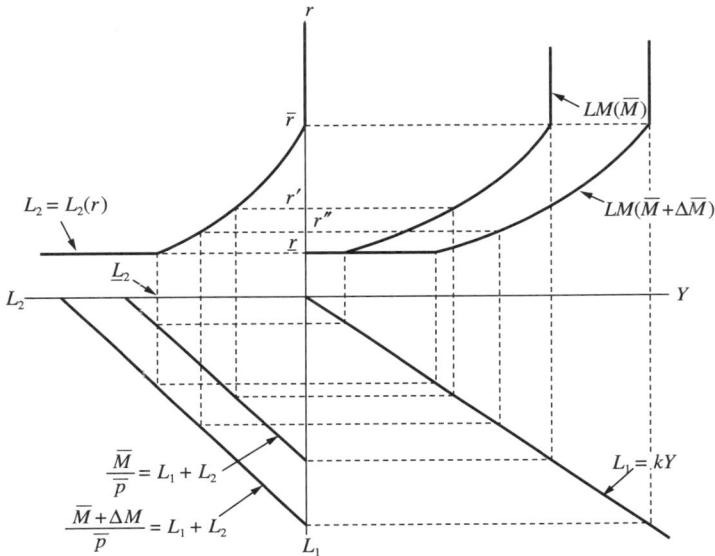

图 4 - 10 　货币供给量的变化和 LM 曲线的移动

此外,假设货币供给量从 $\overline{M}$ 增加 $\Delta M > 0$ 的情形,此时,如图 4 - 10 所描述,LM 曲线将向右下方移动。

4.3.2 　货币市场非均衡状态的调整

下面,以流动性偏好为中心考虑货币市场非均衡状态的调整问题。在图 4 - 11 中,把国民收入定义为 $\overline{Y}$,有下式

$$k\overline{Y} + L_2(r) = \frac{\overline{M}}{p} \tag{4.7}$$

4.7 式成立的利率 r 都在 $\overline{r}$ 以上(参考图 4 - 11 和 4 - 12)。

接下来把国民收入定义为 $Y^*(Y^* < \overline{Y})$,于是有下式成立。

$$kY^* + L_2(r) = \frac{\overline{M}}{p} \tag{4.8}$$

利率对应为 r^*。把国民收入定义为 $\underline{Y}$,于是有对应的利率 $\underline{r}$(参考图 4 - 11 和 4 - 12)。

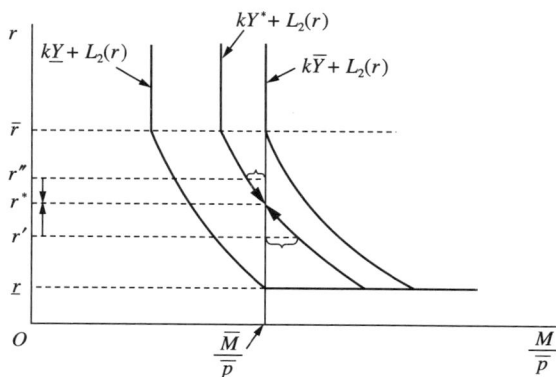

图 4-11 流动性偏好和货币市场均衡

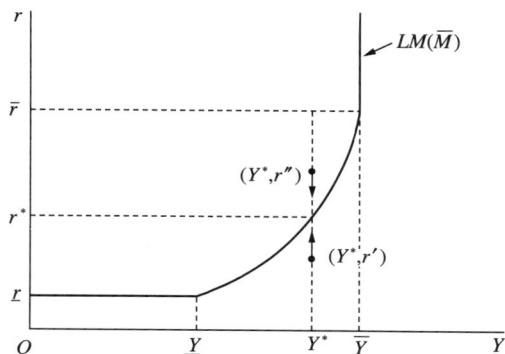

图 4-12 货币市场的非均衡调整

$$kY + L_2(r) = \frac{\overline{M}}{\overline{p}} \qquad (4.9)$$

接下来将国民收入 Y^* 固定,利率 r^* 是怎样进行调整得。在图 4-12 中,当利率为 r' 的时候,如图所示,将产生货币超额需求,其结果是利率上升,从而得到调整。在图 4-12 中,r'' 时,对于货币产生的超额供给的情况下,利率下落,从而得到调整。所以,在国民收入 Y^* 固定的情况下,如图所示,通过利率调整可以得到货币市场的均衡。

第 4 章总结

1. 货币具有价值尺度职能、作为流通手段的职能以及价值贮藏手段的职能。

2. 考虑到流动性,通常把现金货币和存款统称为货币。

3. 在讨论中,把家庭和企业的货币按照需求的动机,分为交易动机、预防动机以及投机动机。

4. 基于交易动机和预防动机的货币需求依存于国民收入水平。

5. 基于投机动机的货币需求在短期内,当利率比期待利率高(低)的时候,需求会相应的减少(增加)。把这个关系,称作流动性偏好。

6. 基于没机动机的货币需求的利率弹性的无限大部分,被称作流动性陷阱。

7. 货币供给量 M 由高能货币的量 $\hat{H}$ 所表示: $M = (\hat{c_u} + 1/\hat{c_u} + \hat{\gamma})\hat{H}$。在这里, $\hat{c_u}$, $\hat{\gamma}$ 分别表示现金存款比率和央行存款准备金率。

8. 当物价水平固定,在货币供给量一定的基础上,把描绘货币需求和供给关系的国民收入和利率的组合关系 (Y, r) 的曲线,称为 LM 曲线。

9. 物价水平不变的情况下,货币供给量增加, LM 曲线向右下方移动。

第 5 章 *IS – LM* 模型分析与比较静态学

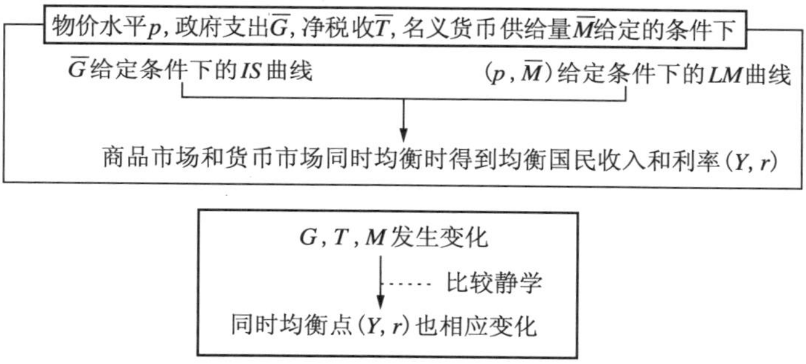

物价水平 p，政府支出 $\bar{G}$，净税收 $\bar{T}$，名义货币供给量 $\bar{M}$ 给定的条件下

$\bar{G}$ 给定条件下的 *IS* 曲线 $(p, \bar{M})$ 给定条件下的 *LM* 曲线

商品市场和货币市场同时均衡时得到均衡国民收入和利率 (Y, r)

G, T, M 发生变化

┄┄┄ 比较静学

同时均衡点 (Y, r) 也相应变化

图 5 - 1   商品市场与货币市场的同时均衡与比较静态学

本章将把商品市场和货币市场两个市场统一起来考虑，讨论商品市场和货币市场的同时均衡问题。通常，把同时应用 *IS* 及 *LM* 曲线进行分析的方法称为 *IS - LM* 分析。并且，对改变政府支出 G，净税收 T 及名义货币供给 M 等将如何影响国民收入水平这一比较静态学问题展开讨论。

5.1   商品市场和货币市场的同时均衡

在第 3 章和第 4 章分别讨论了商品市场和货币市场及各自市场的均衡，本章将把两个市场统一起来考虑，讨论商品市场和货币市场的同时均衡问题。图 5 - 2 描绘了在 T 给定的条件下，与政府支

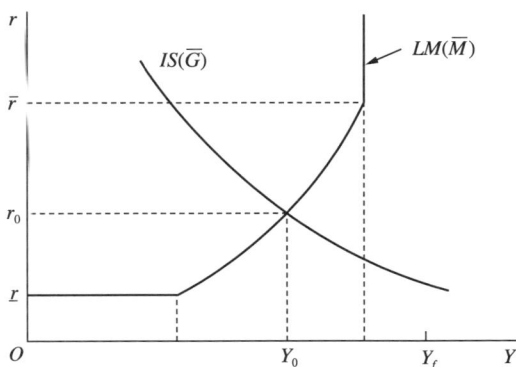

图 5‑2 商品市场和货币市场的同时均衡

出 $\overline{G}$ 对应的 IS 曲线和与名义货币供给 $\overline{M}$ 对应的 LM 曲线。由此可以得到经济的均衡状态(Y_0, r_0)。在此必须注意的是,虽然在商品市场和货币市场同时取得了均衡,但是这个同时均衡状态并不能保证经济处于充分就业的状态(在图 5‑2 中,对应充分就业的国民收入水平为 Y_f)。该问题将在讨论劳动市场之后,在包含劳动市场的一般经济体系基础上进行分析。

5.1.1 商品市场和货币市场非均衡状态的调整

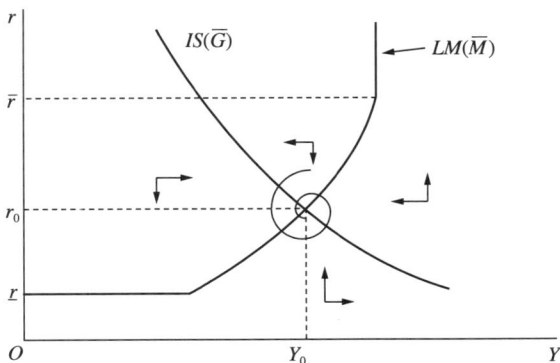

图 5‑3 商品市场和货币市场非均衡状态的调整

合并图 3‑22 和图 4‑12,可以得到图 5‑3 所描绘的非均衡状态向均衡状态的调整方向。在此,因为调整过程没有明确的公式化,所以不能表明该结论是严密的,但是从该图可以看出非均衡状态到均衡状态(Y_0,r_0)的调整过程(严密的说,该过程依存于Y和r的调整速度)还是具有明显的收敛性的[①]。图 5 - 3 描绘了一个调整的过程,由此过程可以看出商品市场的调整速度和货币市场相比较,明显的平缓许多,调整方法也和图 5 - 3 有着若干差异。

5.2 财政政策和金融政策

5.2.1 比较静态分析

接下来将用以上的方法讨论商品市场和货币市场的同时均衡问题。即:(1)如何达到商品市场和货币市场的同时均衡;(2)偏离均衡状态时,市场将如何进行调节[②]。接下来的课题是讨论均衡位置在怎样的情况下进行怎样的调整。IS 曲线是以投资函数和储蓄函数为基础而形成的,LM 曲线是通过流动性偏好推导出来的,所以这些函数的变化当然会使均衡的位置产生变化。

举一个例子,假设所有企业家一齐努力,让投资函数向上方移动。从以上作图法可以知道 IS 曲线向上方移动。如果 LM 曲线没有发生变化的话,其结果,均衡利率上升,均衡国民收入增加。因此,我们主张"企业家拿出干劲,增加国民收入"。储蓄函数、流动性偏好函数和马歇尔函数 k 变化的时候,同样可以推导出对利率和国民收入的影响。

使曲线发生变化的要素依存于变量是什么的函数这样的假定,但是,实际上政策的变化也很重要。比如政府支出和货币供给。到现在为止,一直把这两个变量作为政府决定的固定量来考虑市场问题的。接下来就讨论这两个变量变化情况下的市场均衡问题。

---

① 严密的调整过程可以通过下式表示。

$$\frac{dY(t)}{dt}=\theta^1\{I[r(t)]-S[Y(t)]\}$$

$$\frac{dr(t)}{dt}=\theta^2\{L[Y(t),r(t)]-\overline{M}/\overline{p}\}$$

这里的 θ^1,θ^2 为正数,表示调整速度。

② 问题(1)涉及均衡的存在性和唯一性,问题(2)与均衡的安定性相关。

5.2.2 *IS* 曲线的移动和财政政策

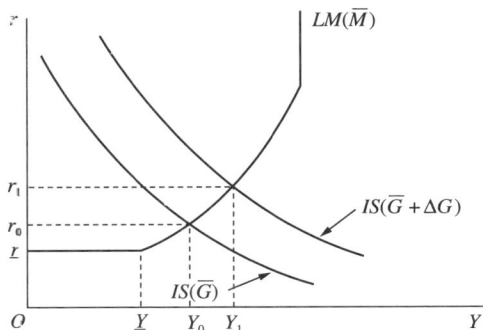

图 5‑4   政府支出的增加与 *IS* 曲线的移动

以下，为了方便说明，把租税固定，调控货币供给量的政策称作金融政策，把调控政府支出的政策称为财政政策。

首先，在以商品市场和货币市场一般体系的前提下，讨论一下财政政策的效果。现在，其他数据都没有改变（在这种情况下 $M = \overline{M}$），观察政府支出（G）从 $\overline{G}$ 增加了 ΔG 的财政政策。这样，商品市场的均衡条件做出如下修整。

$$Y = C(Y) + I(r) + \overline{G} + \Delta G \tag{5.1}$$

在平面上描绘满足该关系式条件的点 (Y, r)，将得到右下倾斜的曲线。以下，把该曲线称为 $\overline{G} + \Delta G$ 的 IS 曲线，记作 $IS(\overline{G} + \Delta G)$。新的经济均衡状态如图 5‑4 所示，点 (Y_1, r_1)，当国民收入增加 $Y_1 - Y_0$ 时，产生了 $r_1 - r_0$ 的利率上升。由于政府支出的增加，通过利率的上升使民间投资产生部分**排挤现象**。

在第 3 章，讨论了在特定的商品市场下，如何通过控制政府支出 G 和纯税收 T，来使均衡国民平均收入得到控制。特别是，政府支出 G 增加了 ΔG 使国民收入增加 ΔG 的 $\dfrac{1}{1-c}$ 倍，即乘数理论。把线性的消费函数、投资函数以及货币需求函数作为已知条件，在图 5‑5 这样的商品市场和货币市场中讨论。首先，假设在点 (Y', r') 的时候，商品市场和货币市场同时达到了均衡，在此情况下，为了消除 $Y_f - Y'$ 的差，利率 r' 作为固定值，让政府支出增加 $\Delta G = (1 - c)\{Y_f - Y'\}$，式子中的 c 为边际消费倾向，$0 < c < 1$。此时，国民收

入会经过 Y_f，但是由于非均衡的调整，最终在 (Y'',r'') 达到稳定。这说明了增加政府支出，通过利率的上升，会产生民间投资的排挤。所以，忽视利率变化的乘数理论，通常情况下会过高估计收入创出效果。为了明确和前章的乘数理论的关系，限定线性函数的情况下，关于 **Hicks 机制**的问题得到了解决。

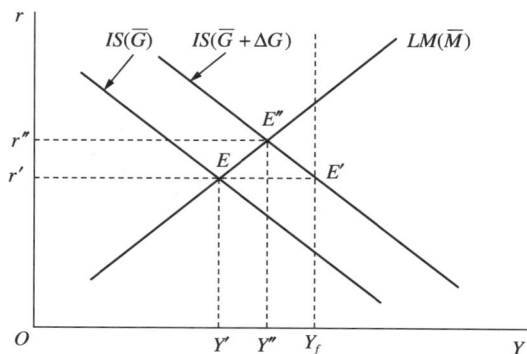

图 5 - 5 Hicks 机制

5.2.3 *LM* 曲线的移动和金融政策

接下来考察一下金融政策。首先假定经济处于中间领域的情况，其他条件均没有变化，实施货币供给量从 $\overline{M}$ 增加了 ΔM 的金融政策。此时，在该情况下，货币市场的均衡条件表示为以下式子。

$$\frac{\overline{M}+\Delta M}{\overline{p}}=kY+L_2(r)\quad Y\geqslant 0,r\geqslant \underline{r} \tag{5.2}$$

把描绘满足该条件式的 (Y,r) 的曲线向右移动，将该曲线记作 $LM(\overline{M}+\Delta M)$，称作 $\overline{M}+\Delta M$ 条件下的 *LM* 曲线。

货币供给的增加会使 *LM* 曲线右移，可是货币供给的变化，不能使商品市场的需求曲线和供给曲线发生变化，*IS* 曲线依然原样不动。这样，从图 5 - 6 可以明白，货币供给的增加使均衡利率降低，增加了均衡国民收入。

5.2.4 投资利率的非弹性，流动性陷阱，*LM* 曲线的垂直领域

政府为了控制国民收入，拥有财政政策和金融政策这两个政策手段。可是，并不是说这两个政策在任何时候都能够起作用。

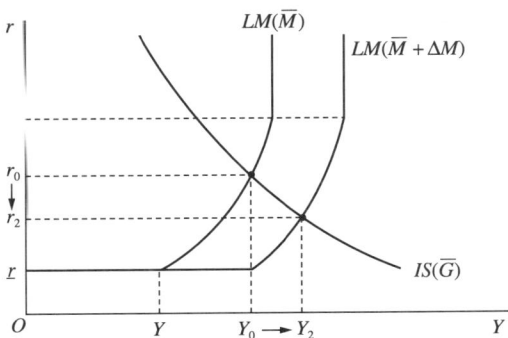

图 5‑6　货币供给量变化的效果

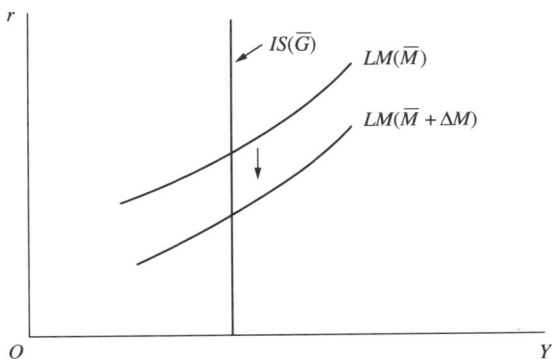

图 5‑7　投资利率非弹性的情况

通过观察 IS 曲线，LM 曲线的形状，可以知道在特殊的情况下，上述政策不能得到期待效果，接下来介绍 3 个例子。

（1）投资利率非弹性的情况。我们知道，投资是利率的减函数，但是如果利率即使发生变化投资也基本上没有反应的话，会怎么样呢？如图 5‑7，IS 曲线处于垂直状态。这时，让 M 变化的政策完全无效。那只会徒劳地让利率下降，作为控制国民收入的手段，并不有效。这种情况下，政府应该采用财政政策。

（2）流动性陷阱的情况（图 5‑8）。利率已经相当低，大家都认为应该上升了的时候，人们担心债券贬值，想要以货币的形式保有资产。因为利率的低下，货币的需求会变得非常大。投机动机的货币需求弹力的无限大部分，被称为**流动性陷阱**。该部分对应的 *LM*

曲线是水平状态(参照图5-8)。此时金融政策是无效的。因为虽然 M 的增加使 LM 曲线向右移动,然而尽管水平部分移动了,依然只能得到水平线。这样,如果是在流动性陷阱部分达到均衡的话,就不要运用金融政策,而必须采用财政政策,使 IS 曲线移动从而达到调控目的。

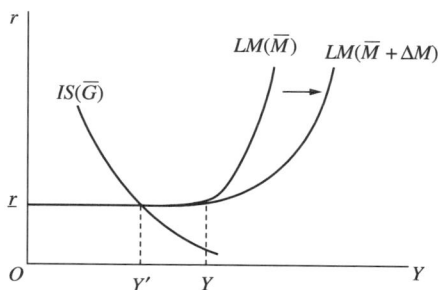

图5-8 流动性陷阱的情况

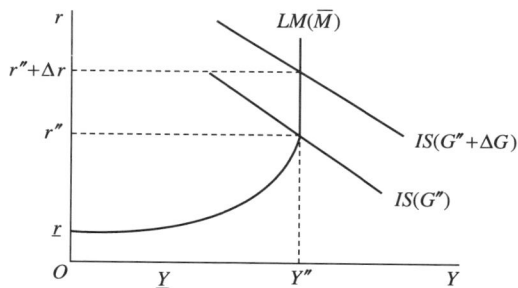

图5-9 LM曲线垂直的情况

(3) LM 曲线垂直的情况(图5-9)。假设政府支出是 G'',货币供给量为 $\overline{M}$。这时,经济位于 (Y'', r'') 状态。把货币供给量 $\overline{M}$ 作为已知条件,实施让政府支出从 G'' 增加 ΔG 的财政政策。这时,利率从 r'' 上升 Δr。这样,在此情况下,政府支出增加 ΔG,但是国民收入没有变化,总需求作为总量,也不发生变化。只是产生因为利率上升 Δr 而产生民间投资的消减。也就是说,政府支出的增加,正好和等量的民间投资的减少相抵消。这是完全的排挤现象。

5.2.5 金融政策的各种手段

上面,把租税作为固定的已知条件,对控制政府支出的财政政策和控制货币供给量的金融政策进行了简单讨论。可是,为了财政政策和金融政策更加容易实现,上述讨论的几个地方需要进行修改和进一步的补充说明。首先,关于财政政策,以上的讨论忽视了政府中必要的资金筹措问题。这样可以避开和净税收相关联的几个问题,因为若和现实相关联,在此有必要讨论以发行公债形式的资金筹措问题。例如在发行市内公债的情况,公债可能长期残存于民间部门,这样会对家庭支出带来影响。这样的问题,在介绍代表性的批判凯恩斯的财政政策中会提到。

下面考虑金融政策。以上把物价水平定为 p,把控制货币供给量 M 的政策称为金融政策,但是控制货币供给量 M 并不是简单可以做

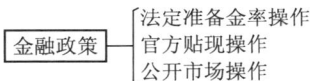

金融政策	法定准备金率操作
	官方贴现操作
	公开市场操作

图 5-10　金融政策手段

到的事情。在此来说明控制 M 的各种手段。现在作为金融政策手段,主要分为(1)法定准备金率操作,(2)官方贴现操作,(3)公开市场操作。在这里依次作简单地说明(参考图 5-10)。

(1)法定准备金率操作

在货币供给的章节已经说明了,以下关系式成立。

$$M = \left(\frac{\hat{c}_u + 1}{\hat{c}_u + \hat{\gamma}} \right) \hat{H} \tag{5.3}$$

在这里,$\hat{c}_u$ 对应国民经济的现金·存款比率,$\hat{H}$ 是已知的高能货币,$\hat{r}$ 是一定的中央银行存款准备金·存款比率。

在这里对法定准备金率进行说明。一般情况下,金融机关并不是贷出所有的存款,其中的一部分作为提取存款的准备而保留着,通常称作支付准备,在此把预备金的支付准备的比率称为准备金率。现在,金融机关的存款中,由法律规定的准备金率而决定的准备金,有义务必须存到中央银行。法定准备金率根据金融机关的种类规模等的不同而各有差异,但是和法定准备金率的相同动向的中央银行准备金·存款比率是存在相同的移动倾向的。把 $\hat{H}$ 和 $\hat{c}_u$ 作为已知条件,调整法定准备金率,使其上升(下降),其结果是中

央银行准备金·存款比率也上升(下降),根据以上关系式,可以知道,货币的供给量会减少(增加)(参考图 5-11)。

$$M=\left(\frac{\overset{\wedge}{c_u}+1}{\overset{\wedge}{c_u}+\overset{\wedge}{\gamma}}\right)\hat{H}$$

图 5-11　货弊乘数 $\overset{\wedge}{\gamma}$ 与中央银行准备金、存款比率

$\overset{\wedge}{\gamma}$ 上升⇒货弊乘数下降⇒货弊供给量 M 减少

$\overset{\wedge}{\gamma}$ 下降⇒货弊乘数上升⇒货弊供给量 M 增加

（2）官方贴现操作

一般,所谓的官方贴现,是指"商业证券的折扣比率以及国债,特别是指定债券或者商业证券的作为证券担保的支付利率比率"。在此意义上,提高官方贴现率,各个金融机关从中央银行贷款的利息负担就会变大,其结果,各金融机构会减少从中央银行的贷款。从这里,可以知道,现金储备量的减少,根据以上关系式,高能货币也会减少,随之货币供给量(M)也会减少。或者,各个金融机关为了保证和以前相同的利益而提高贷款利率,通常企业或者家庭都会减少借款。这样,金融机关向中央银行的贷款同样会减少。减少现金储备的话,其结果同样和以上所述类同。相反,如果降低官方贴现,以上推理同样适用,只是将得出相反的结论。因为这些效果主要与费用相关联,所以通常称为官方贴现的**成本效果**。官方贴现的效果不只是这里说的成本效果,还有预知经济动态的**告示效应**（**announcement effects**）。

（3）公开市场操作

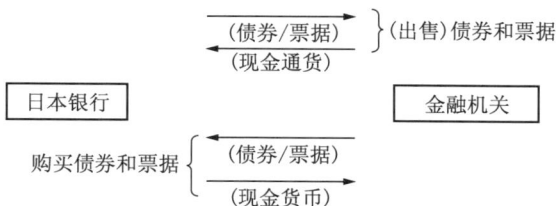

图 5-12　公开市场操作

现在主要以在日本银行和各金融机关之间实行上述操作为例进行考察(参考图 5-12)。日本银行向各个金融机关卖出所持的债券或者票据,吸收与其相当的现金。其结果是各金融机关减少向外贷款,从而减少支付储备。此时,高能货币减少,根据上面的关系式,可以知道货币供给量(M)将减少。相反的时候,日本银行向金融机关收买债券和票据的时候,可以使货币供给量增加。

5.2.6 对于凯恩斯主义财政政策的批判论

最后介绍一下批判凯恩斯主义财政政策相关理论。在通常的情况下(比如中间领域的情况),在民间发行新的国债筹措资金,也即发行国债的时候,如果没有公债的资产效果(公债的增加被看做是资产的增加),政府支出的增加,会带来国民收入的增加。对于这样的凯恩斯学派的财政政策,有各种批判。其中比较朴素的批判论(朴素的货币数量学说与此对应),指出了在 LM 曲线垂直的时候,财政政策在所得创出下并不是有效的(参考图5-13)。作为该批判论及其他的代表,以 M. 弗里德曼为中心的新货币数量学派,以及合理期待形成学派的批判形成俩大批判。前者认为公债的增加是资产的增加,从而可以长期的:1. 刺激消费支出,2. 增加货币需求量。关于这点利用图 5-14 进行说明。假设因发行国债,使政府支出从 $\overline{G}$ 增加 ΔG,这时 IS 曲线从 $IS(\overline{G})$ 移动到 $IS(\overline{G}+\Delta G)$,由于 1 的资产效果,$IS$ 曲线将更加大幅的移动,比方说移动到 IS',又考虑到 2 的资产效果,采用以下的货币需求函数。

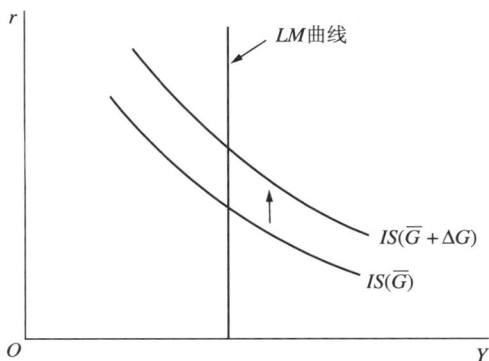

图 5-13 对于凯恩斯主义财政政策的批判论

$$L = kY + L_2(r) + L_3(K) \qquad (5.4)$$

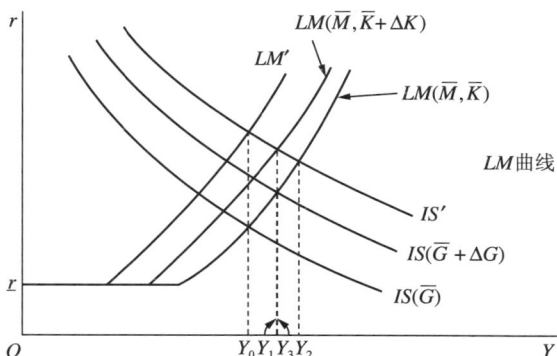

图 5-14 财富效果和财政政策的长期非有效性

在这里 K 是资产量,随着 K 的上升 L_3[①] 会增加。现在 K 由于国债的增加,从 $\overline{K}$ 增加 ΔK,此时货币的供给量 $\overline{M}$ 作为已知条件,表示货币市场均衡的 LM 曲线表示为

$$\frac{\overline{M}}{\overline{p}} = kY + L_2(r) + L_3(\overline{K}),\ 即,$$

$$\frac{\overline{M}}{\overline{p}} - L_3(\overline{K}) = kY + L_2(r) \tag{5.5}$$

与此对应的

$$\frac{\overline{M}}{\overline{p}} - L_3(\overline{K} + \Delta K) = kY + L_2(r) \tag{5.6}$$

与此对应移动,在这里 $L_3(K + \Delta K) > L_3(\overline{K})$,所以

$$\frac{\overline{M}}{\overline{p}} - L_3(\overline{K}) > \frac{\overline{M}}{\overline{p}} - L_3(\overline{K} + \Delta K) \tag{5.7}$$

由此可见,与实质货币供给量的减少产生相同效果的 LM 曲线将向左上移动。在这里,通常把从 $IS(\overline{G})$ 移动到 $IS(\overline{G} + \Delta G)$ 的移动看做是短期的,但是也可以把从 $IS(\overline{G} + \Delta G)$ 移动到 IS' 的移动看做是长期的。另外,把 $\overline{M}$ 作为已知条件,也可以把在 $\overline{K}$ 基础下的 LM 曲线[图 5-14,$LM(\overline{M}, \overline{K})$],移动到 $\overline{K} + \Delta K$ 的 LM 曲线[$LM(\overline{M}, \overline{K} + \Delta K)$]看做是长期的。从图 5-14 可以看出,长期的所得创出效果也就是:1. 从 $IS(\overline{G} + \Delta G)$ 到 IS' 移动产生的 $(Y_2 - Y_1)$ 以及 2. 从

---

① 即 $\frac{dL_3(K)}{dK} > 0$。

$LM(\overline{M},\overline{K})$ 到 $LM(\overline{M},\overline{K}+\Delta K)$ 的移动产生的 (Y_3-Y_2) 的和,基本上等于 0。这样,考虑到两种类型的资产效果,产生了认为长期的财政政策并不是有效的新货币数量学派。在此对于图 5-14,做一点说明。公债的增加,货币的需求量增加,是公债的资产效果 2 的主张,LM 曲线移动到 LM',此时政府支出的增加 ΔG 所伴随的短期效果也随着利率的上升而被抵消。

另外,以 R. J. 保罗为中心的合理期待形成学派认为,财政政策不只是长期的,短期的也并不有效。他们认为,人们如果是合理地进行预测,合理地进行经济行动,那么在发行公债的情况下,财政政策将没有效果。该学派的理论在第 7 章将作进一步讨论。

第 5 章总结

1. 商品市场和货币市场的同时均衡是在 IS 曲线和 LM 曲线的交点达成的。但是,这个交点也未必说明能保证充分就业状态。

2. 商品市场和货币市场的非均衡的调整类型,依存于国民收入和利率调节速度。

3. 在 IS-LM 体系中,政府支出的增加的所得创出效果引起利率上升,从而产生民间投资排挤,所以会有若干减少。这时,Hicks 机制将起作用。

4. 把控制政府支出的政策称作财政政策,财政政策的效果在流动性陷阱领域、中间领域、垂直领域各不相同。在流动性陷阱领域非常有效,而在垂直领域并不有效。

5. 把控制货币供给量的政策称作金融政策,金融政策的效果也因领域而有很大差异。金融政策在垂直领域非常有效,而在流动性陷阱领域并不有效。

6. 作为金融政策的手段,目前在使用的有:法定准备金率操作、官方贴现率操作和公开市场操作。

第 6 章　总需求和总供给

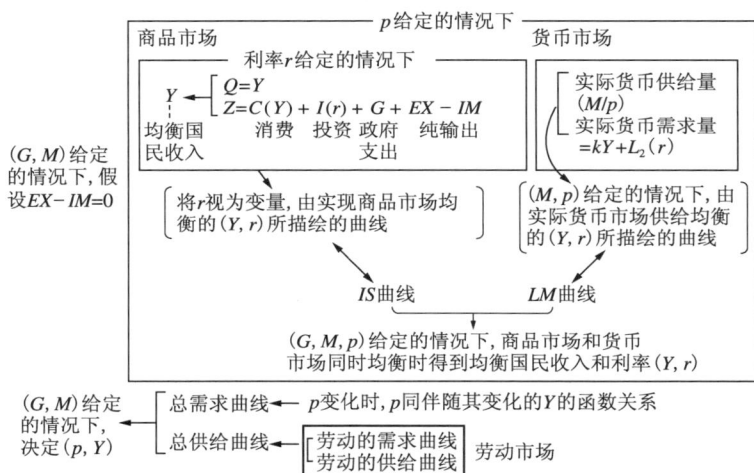

商品市场　　　　　　　　　　── p给定的情况下 ──　货币市场

── 利率r给定的情况下 ──

Y　$\begin{cases} Q=Y \\ Z=C(Y)+I(r)+G+EX-IM \end{cases}$

(G,M)给定
的情况下,假
设$EX-IM=0$

均衡国　　消费　投资　政府　纯输出
民收入　　　　　　　　　支出

将r视为变量,由实现商品市场均
衡的(Y,r)所描绘的曲线

IS曲线

实际货币供给量
(M/p)
实际货币需求量
$=kY+L_2(r)$

(M,p)给定的情况下,由
实现货币市场供给均衡
的(Y,r)所描绘的曲线

LM曲线

(G,M,p)给定的情况下,商品市场和货币
市场同时均衡时得到均衡国民收入和利率(Y,r)

(G,M)给定
的情况下,
决定(p,Y)

总需求曲线 ◄── p变化时,p同伴随其变化的Y的函数关系

总供给曲线 ◄──
劳动的需求曲线
劳动的供给曲线　劳动市场

图 6-1　总需求和总供给的分析框架

　　本章为了对关于长期分析的相关理论进行讨论,引入了劳动
市场的框架,并且利用总需求曲线和总供给曲线进行分析说明。
首先,利用 IS 和 LM 曲线导出总需求曲线,同时,定义出总供给曲
线。基于以上定义,在总需求曲线和总供给曲线的交点处决定出物
价水平和国民收入水平。正如前几章所述,该交点所决定的物价水
平和国民收入,在资本市场、货币市场以及劳动市场都达到了均
衡。该分析方法被称为 AD-AS 分析(总需求-总供给分析),在本章
的后半部分,在此分析的基础上,考察了基于政府支出 G 和货币供

给量 M 变化而导致均衡状态变化的比较静态学问题。

6.1 与总需求和总供给相关的经济系统

在以上的分析中,没有对严格意义上的商品供给问题进行讨论。特别是完全没有涉及到生产要素(劳动和资本)的供给,以及同生产性提高相关的技术进步、技术革新和教育(人力资本)的高度化等一系列问题。前 5 章的讨论中,对于只要有需求商品就会相应被供应,即只对商品的需求方面的均衡进行了分析[①]。

6.2 总需求曲线

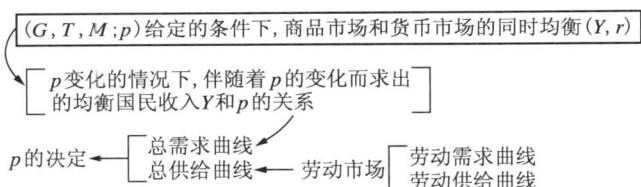

$(G,T,M;p)$给定的条件下,商品市场和货币市场的同时均衡(Y,r)

p变化的情况下,伴随着p的变化而求出的均衡国民收入Y和p的关系

p的决定 ← 总需求曲线 / 总供给曲线 ← 劳动市场 [劳动需求曲线 / 劳动供给曲线]

图 6-2 劳动市场的分析

首先固定物价水平,求出伴随商品市场和货币市场同时均衡(需求一方)的均衡国民收入水平,然后考虑均衡物价水平和物价水平之间的关系(参考图 6-2)。

以下,把表示上述关系的曲线称为总需求曲线(AD 曲线:aggregate demand curve)。具体地说,总需求曲线由商品市场的 IS 曲线和货币市场的 LM 曲线导出。在本章中,货币的供给量$\overline{M}$,政府支出$\overline{G}$,净税收$\overline{T}$作为已知量进行考察。于是,商品市场和货币市场的同时均衡将由满足下列式子的国民收入和利率的方程组决定。

$$Y = C(Y) + I(r) + \overline{G} \quad \cdots\cdots \quad IS(\overline{G}),$$

$$\frac{\overline{M}}{P} = kY + L_2(r) \quad (k \text{ 为正常数}) \cdots\cdots \quad LM(P, \overline{M})$$

这里,Y:国民收入,r:利率,P:物价水平,$C(Y)$:消费函数,

---

① 对 45 度分析持有疑问的学生阅读了本章的内容之后,可以消除其疑问。

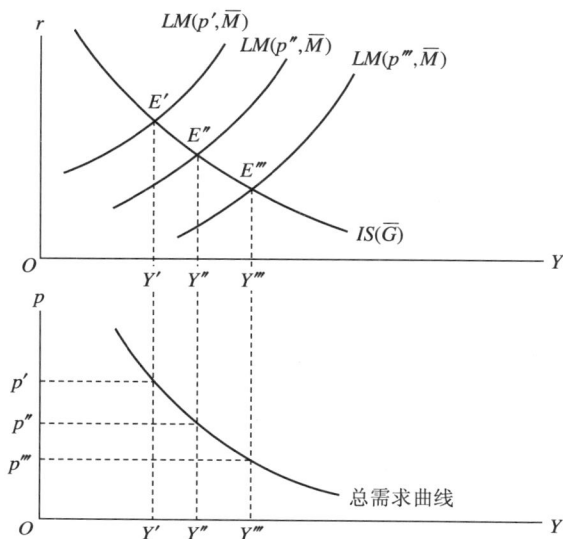

图 6 - 3　流动性陷阱不存在情况下的总需求曲线

$I(r)$：投资函数，$L_2(r)$：货币的资产需求函数。

　　接下来，把 $\overline{M}, \overline{G}$ 视为已知，分析物价水平从 P' 下降至 P''，进一步地下降至 P''' 时其他变量的变化。此时，因为实际货币供给量增加，所以 LM 曲线向右移动。伴随 LM 曲线的移动，商品市场和货币市场的同时均衡点移至 E', E'', E'''。其结果（伴随着商品市场和货币市场的同时均衡点）国民收入水平也转移到 Y', Y'', Y'''。这样，把伴随着物价水平 P 的变化，所决定的国民收入水平 Y 描述在 (Y, P) 平面后，得到图 6 - 3 的总需求曲线。应该注意此图，没有考虑流动性陷阱的存在。

　　在流动性陷阱存在的情况下，正如图 6 - 4 所描述的，对于 P^0 以下的 P 而言，IS 曲线和 LM 曲线的交点不再变化，于是，（伴随同时均衡的）国民收入水平 Y 也不发生变化。因此，流动性陷阱存在时，总需求曲线在某个物件水平以下，成为垂直线。

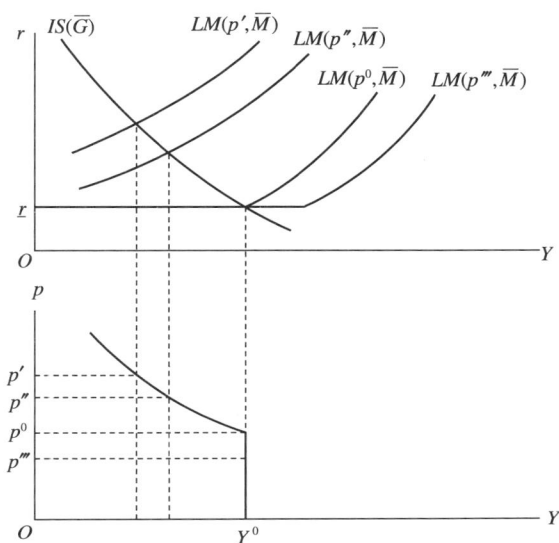

图 6 – 4　流动性陷阱情况下的总需求曲线

6.2.1　由政府支出变化所引起的总需求曲线的移动

接下来,分析政府支出 $\overline{G}$,货币供给量 $\overline{M}$ 等外生变量的变化所引起的总需求曲线的移动。

首先假定货币供给量 $\overline{M}$ 不变,同时,物价水平固定在 P_1。考察政府支出由 $\overline{G}$ 增加至 $\overline{G}+\Delta G$ 时所发生的变化(参考图6-5)。伴随着政府支出由 $\overline{G}$ 增加至 $\overline{G}+\Delta G$,IS 曲线从 $IS(\overline{G})$ 移动到 $IS(\overline{G}+\Delta G)$。其结果,商品市场和货币市场的同时均衡点由 E_1' 变化到 E_1'',国民收入也因此从 Y_1' 变化到 Y_1''。接下来,假设 $P_2<P_1$,此时,LM 曲线在 $LM(P_2,\overline{M})$。在 $\overline{G}$ 的状况下,最初的商品市场和货币市场的同时均衡点位于 E_2'。伴随着政府支出从 $\overline{G}$ 增加到 $\overline{G}+\Delta G$,均衡点移至 E_2''。由此,国民收入水平也从 Y_2' 变化至 Y_2''。因此,总需求曲线向右上方移动。正如在之前分析中所明确的,在减少税收的情况下,总需求曲线同样的也向右上方移动。

6.2.2　由货币供给量变化所引起的总需求曲线的移动

在本节,固定政府支出 $\overline{G}$,分析货币供给量变化时总需求曲线

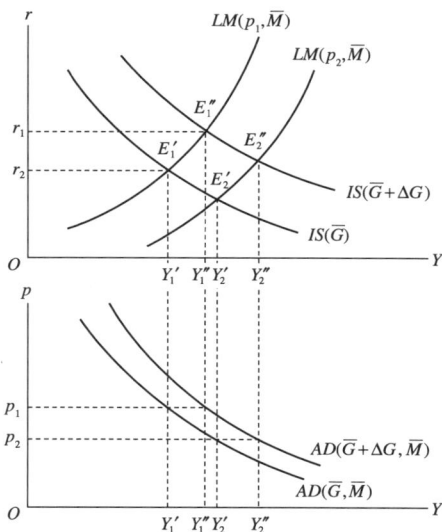

图 6-5 由政府支出增加引起的总需求曲线的移动

如何移动。现在所给的物价水平为 P_1，初始货币供给量为 $\overline{M}$。当货币供给量由 $\overline{M}$ 增加了 ΔM 时，LM 曲线由 $LM(P_1,\overline{M})$ 移到 $LM(P_1,\overline{M}+\Delta M)$。其结果，商品市场和货币市场的同时均衡点由 E_1' 移动到 E_1''，相应地国民收入水平也由 Y_1' 增加到 Y_1''。在图 6-6 的下半部分，对

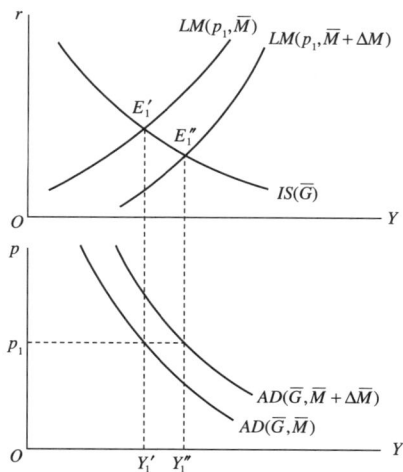

图 6-6 由货币供给变化引起的总需求曲线的移动

应于固定的 P_1，商品市场和货币市场同时达到均衡的国民收入水平为 Y'_1 和 Y''_1 对于其他任意的物价水平，亦会发生相同的变化。因此，可以理解总需求曲线从 $AD(\overline{G}, \overline{M})$ 到 $AD(\overline{G}, \overline{M} + \Delta M)$ 的移动。

6.3 供给方的讨论

上述的分析中只限定于需求方，接下来通过分析供给方而导出总供给曲线。首先考察劳动的需求曲线。

6.3.1 劳动需求曲线

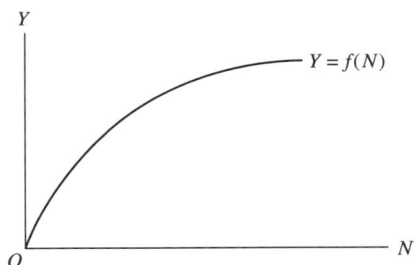

图 6-7 短期的宏观生产函数

本节，我们基于古典学派的第一公理导出劳动需求曲线。在生产部门，本期的资本存量固定在一定的水平上，宏观生产技术状况由以下生产函数所决定（参考图 6-7）。

$$Y = f(N) \tag{6.1}$$

这里，N 表示劳动雇佣量，$f(0) = 0$，对于任意的 $N > 0$，$f'(N) > 0$（边际生产率为正），$f''(N) < 0$（边际生产率递减）。

进一步，假设作为劳动服务的主要需求者的各企业，将工资率作为已知条件，调整雇佣量使利润达到最大值。如果以此为前提条件，在全体产业部门，都会将工资率作为已知条件，为达到最大利润而调整雇佣量。

现在，货币工资率为 W^0，物价水平为 P^0，此时考虑到上述的假设，在生产部门为了实现下述函数所表示的利润的最大化而行动。

$$\prod(N) = P^0 \cdot f(N) - W^0 \cdot N \tag{6.2}$$

把 N^0 作为利润最大化时的劳动投入量时,下列关系成立(参考图 6-8)。

$$f'(N^0) = \frac{W^0}{P^0} = \omega^0 \qquad (6.3)$$

也即有通过调整劳动雇用,使实质工资率和边际生产率一致。如果实质工资率连续的变化,由此决定的劳动需求量的变化曲线被描述在图 6-9 中。该曲线,通常被称为(以实质工资率表示的)劳动需求曲线。该曲线所对应的函数 $\omega = \frac{w}{p} = f'(N)$ 被称为以实质工资所表示的劳动需求函数,以 $N^d = N^d(W/P)$ 表示。

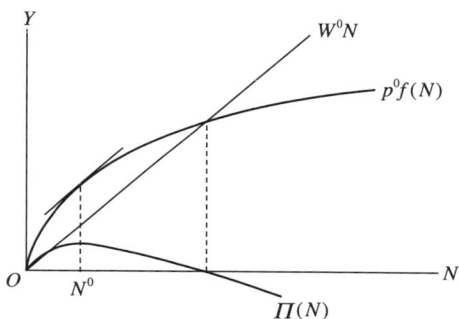

图 6-8 调整雇用量使利润达到最大值

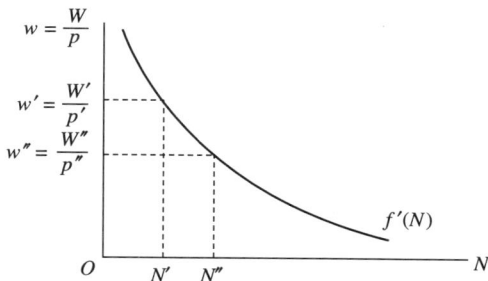

图 6-9 劳动的边际生产率和劳动需求曲线

6.3.2 劳动供给曲线

接下来,对劳动供给曲线进行一些规定。对于劳动的供给有很多至今尚未解决的论点。这里,介绍一下劳动者错觉模型。劳动者无法得到关于物价水平的完全信息，价格基于预期水平。假设 P^e 作为预期物价水平，劳动供给 N^s 依存于 W/P^e，那么劳动的供给函数将用下式表示。

$$N^s = N^s(W/P^e) = N^s[(W/P) \cdot (P/P^e)] \qquad (6.4)$$

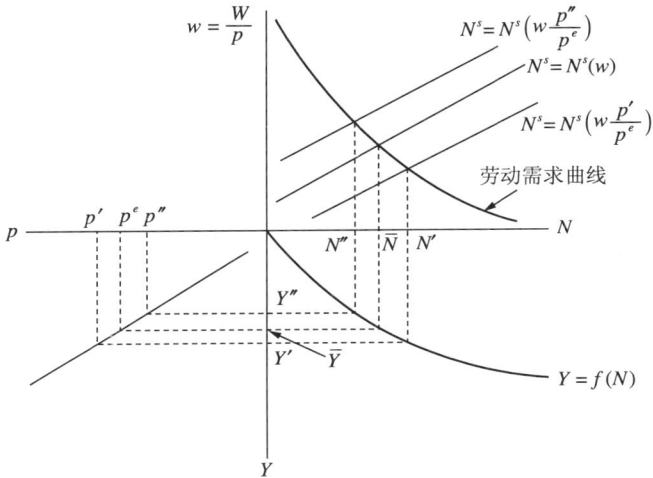

图 6 - 10　总供给曲线的推导

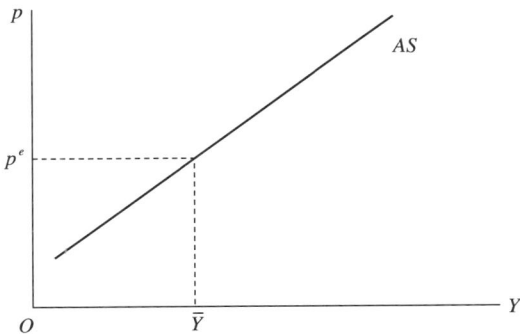

图 6 - 11　总供给曲线

现在假设预期物价水平为 P^e，而且对物价 P' 的预期不再上升。此时，如图 6 - 10 所示基于劳动者的错误预期，劳动的供给曲线向左上方移动。同样对于 P'' 的下降，劳动供给曲线向左上方移动。这样，所得到的曲线被称为总供给曲线（AS 曲线：aggregate supply curve)。在上述的例子中,总供给曲线可以近似地用下列关系式表示(参考图 6 - 11)。

$$Y = \overline{Y} + \alpha(P - P^e) \tag{6.5}$$

6.4 存在伸缩性物价和货币工资率的案例

6.4.1 物价水平的决定

这一节,讨论由总需求曲线和总供给曲线所决定的物价水平和劳动雇用量的问题。图 6 - 12 涉及的是经济中不存在流动性陷阱,即通常的案例。首先考虑在政府支出 $\overline{G}$ 及货币供应量 $\overline{M}$ 固定,物价水平和雇用量的决定问题。图 6 - 12(a) 中,在预期物价水平 P^e 的时候,物价水平和国民收入水平分别为 P_1 和 Y_1。另外,所对应的图 6 - 12(b) 显示,利率和雇用量分别固定在 r_1 和 N_1。

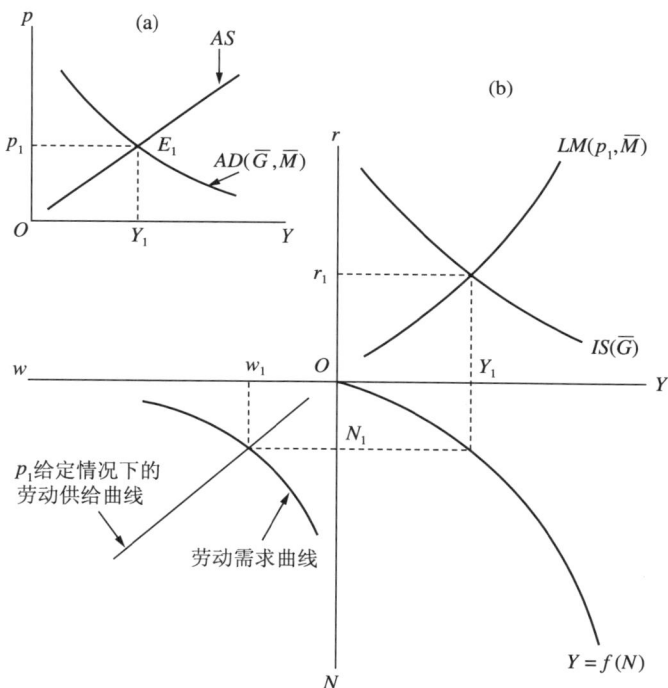

图 6 - 12　AD - AS 分析框架中各变量的决定

6.5 AD-AS 分析框架下的财政政策和金融政策

6.5.1 财政政策

接下来,利用总需求曲线和总供给曲线,分析财政政策的效果。政府支出 $\overline{G}$,货币供给量 $\overline{M}$ 固定的情况下,如图6-13所描述的那样,均衡状态为 E_1。现假设存在 $N_1 - N_f$ 的失业,政府把 $\overline{M}$ 视为固定值,实施将政府支出从 $\overline{G}$ 增加 ΔG 的财政扩张政策。可得总需求曲线将从 $AD(\overline{G}, \overline{M})$ 移动到 $AD(\overline{G}+\Delta G, \overline{M})$,其结果是均衡点将从 E_1 转移至 E_2。另外,国民收入从 Y_1 增加到 Y_2,物价水平从 P_1 上升到 P_2。伴随这些变化,商品市场、货币市场和劳动市场的状况分别被描述在第1象限和第3象限。因为,物价水平上升至 P_2,所以 LM 曲线移到 $LM(P_2, \overline{M})$,IS 曲线移动到 $IS(\overline{G}+\Delta G)$。其结果是,国民

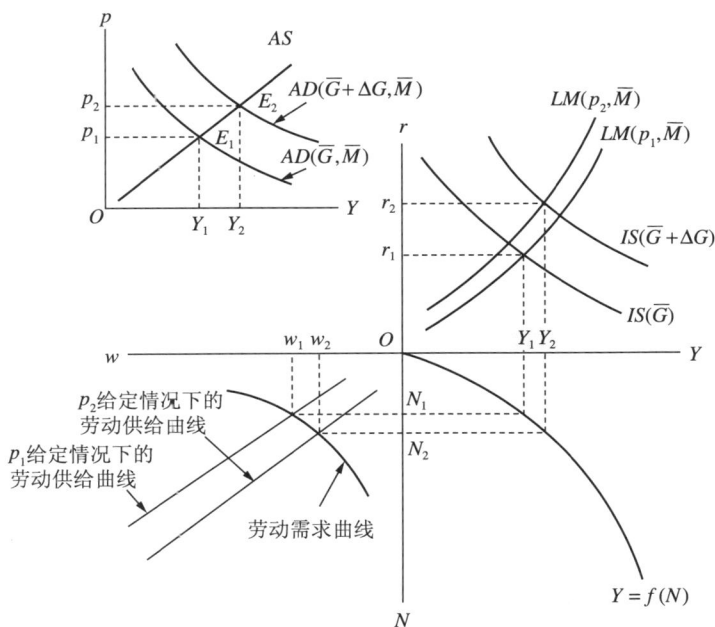

图 6-13　AD-AS 分析与扩张性财政政策

收入增加到Y_2,利率上升至$r2$。同样,伴随着物价水平从P_1上升到P_2,图中的劳动供给曲线向右下方移动。这样,带来实质工资率从ω_1到ω_2的降低以及雇佣量的增加。根据以上分析,可以得出扩张性财政政策使劳动雇佣量增加的结论。只是必须注意,在这种情况下,因为利率从r_1上升到r_2,所以将造成一部分的民间投资被排挤出市场的现象。

6.5.2 金融政策

接下来,在AD-AS分析框架下,利用图6-14对金融政策进行考察。假设政府支出在$\overline{G}$水平上不变,考虑一下货币的供给量从$\overline{M}$增加ΔM这样的扩张性金融政策。此时,物价水平从P_1上升到P_2,国民收入从Y_1增加到Y_2。关于商品市场和货币市场,LM曲线向右下方移动,所以均衡点从E_1移至E_2。利率也相应地从r_1下降到r_2。另外,对于劳动市场,正如图中所示劳动供给曲线向右下方移动,实质工资率从ω_1下降到ω_2,劳动雇用量从N_1增加到N_2。这样,由于扩张性金融政策的实施,带来了国民收入增加以及劳动雇佣量的增加。与扩张性财政政策不同的是,扩张性金融政策实施的结果,由于利率下降,刺激了民间投资。

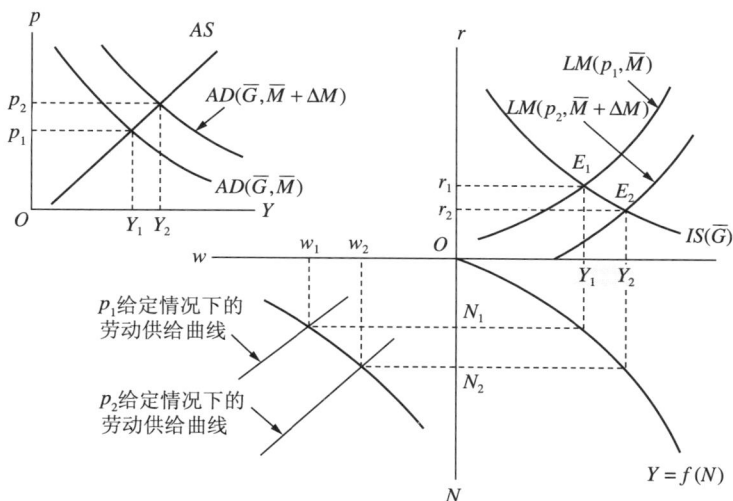

图6-14 AD-AS分析和扩张性金融政策

6.6 凯恩斯学派的案例：僵硬的货币工资率

在本节，考察物价可变，货币工资率$\overline{W}$僵硬不变的案例。此时，反映了劳动需求的总供给曲线通过如下关系式求得。

$$\overline{W} = Pf'(N), Y = f(N) \tag{6.6}$$

这种状况下，总供给曲线被描述为向右上升的曲线（参考图6-15）。所以，通过总需求和总供给的分析，货币工资率为$\overline{W}$时的劳动供给是$\hat{N}$，存在着$\overline{N} - \hat{N}$的非自发性失业者（希望工作，但是因为没有岗位而不得不失业的人）。这样，在凯恩斯学派的案例中，存在非自发性失业的可能性[①]。

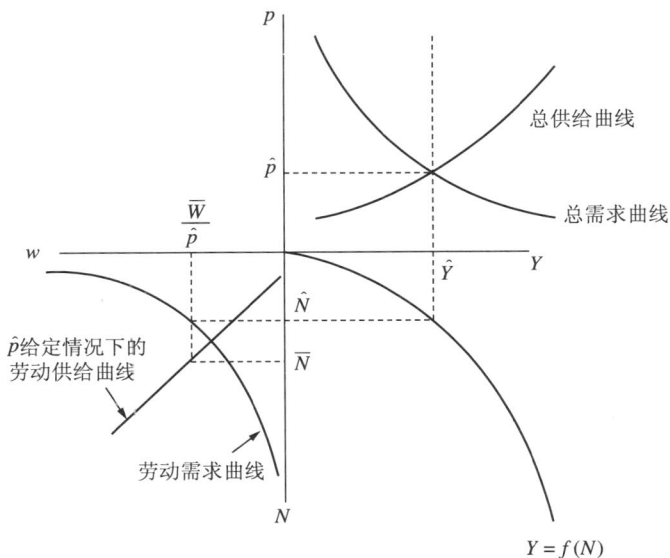

图6-15　凯恩斯学派的案例

---

① 消除非自发性失业的政策是非常重要的。而且，伴随招聘和求职双方的匹配问题而产生的摩擦性失业问题也很重要。与此相关的理论，存在搜寻匹配模型。

6.7 古典学派的案例：可变的物价，伸缩性的货币工资率

在本节，假设完全预期存在，此时以下关系成立。

$$N^s = N^s(W/P) = N^s(\omega) \tag{6.7}$$

在劳动市场，由劳动供求的均衡，决定了与物价水平无关的劳动水平 $\overline{N}$，同时也决定了产出量 $\overline{Y}$（参考图 6-16）。因此，描述了考虑供给状况的 P 和 Y 的关系的总供给曲线通过 $\overline{Y}$ 并垂直。物价水平在总需求曲线和总供给曲线的交点处被决定。由以上的分析得出，产出量和物价水平是被分别决定的。因此，古典学派的二分法成立。

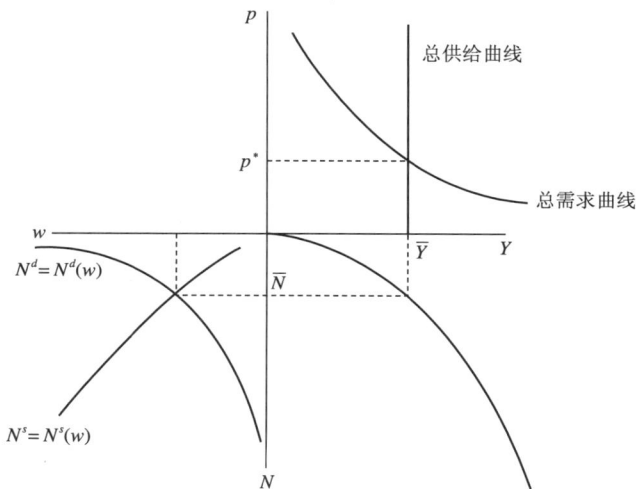

图 6-16　古典学派的案例

6.8 补充说明：长期均衡和古典学派的主张

本节考察长期分析的含义。在长期分析中，资本存量 $\overline{K}$ 固定不变，劳动处于完全雇用水平 N_f。因此，$\overline{K}$ 和 N_f 为已知，$Y_f = F(\overline{K}, N_f)$ 成立时，长期供给曲线以处于完全雇用国民收入水平的 Y_f 的垂直线所表示。

于是,商品市场的均衡条件由以下关系式给出。

$$\left.\begin{array}{l} Y = C + I + G \\ C = C(Y_d), Y_d = Y - T \\ I = I(r) \\ G = \overline{G}, T = \overline{T} \end{array}\right\}$$

进行如下的定义。

$$S(Y) = Y - C(Y - \overline{T}) - \overline{G}$$

此时,根据完全雇用的前提,Y 处在 Y_f 水平,因此实质利率满足下列关系。

$$I(r) = S(Y_f)$$

称该均衡为贷款工资供求均衡,下列关系式被称为货币的数量方程式。

$$MV = PY$$

这里,V 表示货币的流通速度,为了明确时间,如下表示。

$$M(t)V(t) = P(t)Y(t)$$

对上式的两边取自然对数后,

$$\log M(t) + \log V(t) = \log P(t) + \log Y(t)$$

进一步地,对时间 t 进行微分,可以写成[①]

$$\frac{\dot{M}(t)}{M(t)} = \frac{\dot{P}(t)}{P(t)}$$

这里,假设 $V(t)$ 一定,$Y(t) = Y_f = $ 一定,所以上述关系成立。另外,此式意味着名义货币供给的增加率和通货膨胀率是一致的。对此,将在第 8 章进行进一步的讨论。

第 6 章总结

1. 总需求曲线是由商品市场的 IS 曲线和货币市场的 LM 曲线导出。如果增加政府支出或货币供给量,总需求曲线将向右上方

---

① 通常把函数 $x(t)$ 的 t 视为自变量。此时,习惯性的,以下式表示 $x(t)$ 的一阶微分。

$$\dot{x}(t) = \frac{dx(t)}{dt} \text{也可记为} x'(t) = \frac{dx(t)}{dt}$$

移动。

2. 通常的劳动需求曲线是以古典学派公理为前提的。

3. 关于劳动供给问题,存在着很多理论。在本章中,介绍了劳动者错觉模型。

4. 由劳动需求曲线和供给曲线,导出了总供给曲线。

5. 如果实施扩张性财政政策或者货币政策,总需求曲线将向右上方移动,国民收入随之增加。

宏观经济学要点

第7章 基于开放经济体系的经济分析:蒙代尔-弗莱明模型

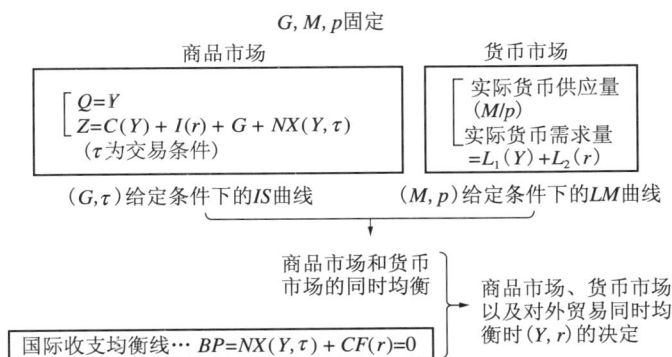

G, M, p固定

商品市场

$$\begin{bmatrix} Q=Y \\ Z=C(Y)+I(r)+G+NX(Y,\tau) \\ (\tau为交易条件) \end{bmatrix}$$

(G,τ)给定条件下的IS曲线

货币市场

$$\begin{bmatrix} 实际货币供应量 \\ (M/p) \\ 实际货币需求量 \\ =L_1(Y)+L_2(r) \end{bmatrix}$$

(M,p)给定条件下的LM曲线

商品市场和货币
市场的同时均衡

国际收支均衡线 $\cdots BP=NX(Y,\tau)+CF(r)=0$

商品市场、货币市场
以及对外贸易同时均
衡时(Y,r)的决定

图 7-1 蒙代尔-弗莱明模型

在前六章的讨论中,为了更加明确的说明国民经济内部的宏观机制,将考察对象限定在一个国家,并且不考虑与其他国家之间的经济活动。本章从国际经济部门分析的角度将第5章所得的封闭经济体制下的$IS-LM$模型加以扩大、完善。并在明确各个基本概念之后,主要应用蒙代尔-弗莱明模型考察开放经济体系中的宏观经济政策问题。

7.1 国际收支与汇率

7.1.1 开放经济体系下的经济模型

在前面的几章中,为了阐明国民经济内部宏观经济运行,给定的国民经济中都没有考虑与其他国家进行的经济活动(具体来讲,指的是净出口)。因此,对宏观经济的讨论都是在忽略各国间的金融问题,也就是国际金融问题的前提下展开的。

然而,目前正处于经济高速全球化的进程中,并随着这个进程各国经济之间产生了相互联系。而且,今后各国经济间的相互联系会更加密切。基于这种现状,本章从国际经济部门分析的角度对前几章的框架加以扩大,完善,在开放经济体系中进行讨论。

7.1.2 国际收支平衡表

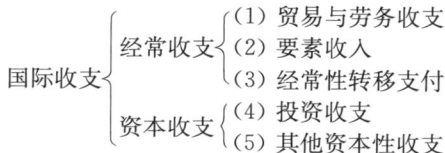

$$
国际收支
\begin{cases}
经常收支
\begin{cases}
(1)\ 贸易与劳务收支 \\
(2)\ 要素收入 \\
(3)\ 经常性转移支付
\end{cases} \\
资本收支
\begin{cases}
(4)\ 投资收支 \\
(5)\ 其他资本性收支
\end{cases}
\end{cases}
$$

图 7 - 2 资本收支与经常性收支

在第 1 章中,曾将与国外经济部门的交易简单地表示为净出口。下面相应地简单说明一下对该国民经济与国外经济部门的经济活动加以记录的账目体系。国际收支表是记录国的居住者与国外的居住者之间所有经济活动的系统记录[①]。日本从 1996 年开始采用新形式,将国际收支分为经常收支与资本收支两种类型来公布(参考图 7 - 2)。经常收支包括(1) 贸易与劳务收支;(2) 净要素收入;(3) 经常性转移支付。贸易与劳务收支记录了商品交易以及十一项劳务(运输,旅游,通信,建筑,保险,金融,IT,版权支付,其他的服务行业,文化,兴业,其他公共服务)等与国际交易相关的收

① 可以参考 C. P. 金德尔伯格与 P. H. 林德特的《国际经济学》(第 6 版)的日译本(相原光等译)第 261 页。

支。净投资收入包括利息和分红。经常性转移支付包含了对国外居住者的退休金等支付转移情况。

资本收支指的是投资收支以及其他资本性收支。投资收支由直接投资,证券投资和其他投资构成。其他资本性收支记录了形成资本的无偿资金援助,固定资本所有权的转移。在上述各项中,产生资本流入的交易作为盈余,因此产生资本流出的交易作为赤字来处理,而向国外发行的债券就被作为盈余来处理。

7.1.3 国际收支盈余

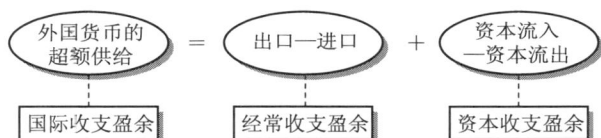

图 7-3 国际收支盈余

假设日本的出口企业向美国的经销商出售了 2 万美元的汽车。如果日本企业只能接受日元,美国经销商则希望卖出美元,购买日元。像这样,对于日本的商品和劳务的出口,美国经销商用美元支付,而日本企业希望持有日元的情况下,就产生了新的美元供给和日元需求。

反之,假设日本的进口企业从美国进口了 100 万日元的爱达荷州土豆。当美国的出口企业要求以美元支付时,日本的进口企业就只能在外汇市场卖出 100 万日元,以购入相应价格的美元。这样,日本的进口企业受到美国出口企业希望持有美元的限制,就产生了新的日元供给和美元需求。

进一步来讲,当日本的居住者购入美国证券,也就是产生资本流出时,由于需要卖出日元以购买美元,于是就产生了新的美元需求。而当美国的居住者购买日本的证券,也就是产生资本流入时,相应地就产生了新的美元供给。由此可见,因为日本的外汇(如上述例子中的美元)需求是由进口和资本流出决定,外汇供给是由出口和资本流入决定,则有下式成立(参考图 7-3):

国际收支盈余 =(进口-出口)+(资本流入-资本流出)

(7.1)

即

　　国际收支盈余 ＝ 经常收支盈余＋资本收支盈余　　（7.2）

　　当等式为零时,意味着产生的外汇供给与需求相等,也就意味着总收支,即国际收支达到平衡。

7.1.4　汇率

　　接下来讨论关于汇率的若干问题。在以下的论述中,用 π 来表示外汇的日元价格,即汇率。通常以基准货币美元来讨论汇率问题。比如,在 1 美元＝120 日元时,就表示为 π＝120 日元。

汇率	上　升	下　落
浮动汇率机制	日元贬值	日元升值
固定汇率机制	日元平价下降	日元平价上升

图 7－4　汇率相关用语

　　二战结束后的 1946 年,各国在美国的布雷顿森林举行会议,采用了以协调政策为基础的固定汇率机制。此后,固定汇率机制一直持续使用到 1973 年,关于固定汇率制的功能,将在 7.3 节中设定模型来讨论。后来固定汇率机制由于各国通胀率的不同而崩溃,于是在 1973 年根据史密斯索尼安协议,各国转而采用浮动汇率制,并一直持续至今。在浮动汇率制中,汇率完全由外汇市场决定的制度被称为"清洁浮动汇率制(clean float)";中央银行通过外汇的买卖,进行部分控制的汇率制度被称为"肮脏浮动汇率制(dirty float)"。当然,在现实并不存在纯浮动汇率制,但为了理解浮动汇率制的基本原理和功能,很有必要对这两者加以说明。在图 7－4 中,将以纯浮动汇率制为前提,就浮动汇率制展开讨论。

　　下面来介绍关于汇率的一些用语。在浮动汇率制中,当本国汇率 π 值上升时,对该国居住者而言,兑换一美元时不得不拿出比以前更多日元,因此,这就意味着日元的降价,同时意味着美元的涨价。日元的减价被称为日元贬值,日元的涨价被称为日元升值。与之相关的还有,在固定汇率制下,与汇率 π 值的上升相对应的日元平价下降,与汇率 π 值的下降相对应日元平价上升等用语。

7.2 国际收支平衡线

7.2.1 基础概念与符号的定义

为了设定模型从而进行严密论证,接下来需要定义一些基本概念,同时明确各基本变量之间的函数关系。在以下的论述中,将要考察的国民经济设定为日本。将要使用的新符号如下。

p =（用日元表示）日本的物价水平

p_ω = 用外国货币单位表示的国外物价水平（在这里,外国的货币单位指的是基准货币美元）

π = 用外汇的日元价格表示的汇率（比如,1 美元 = 120 日元时,π = 120）

τ = 反映外国产品与国内产品的相对价格的交易条件的值（在这里,τ 定义为 $\tau = \pi p_\omega / p$）

Y = 日本的国民收入水平

Y_ω = 外国的国民收入水平

r = 日本利率

r_ω = 外国利率

另外,(7.2)式中的国际收支盈余（外汇的超额供给）用 BP 表示,用 NX 表示经常收支盈余（即净出口额 $EX - IM$）,CF 表示资本收支盈余。因此,下式成立

$$BP = NX + CF$$

如 $(NX-1)-(NX-3)$ 所示,经常收支盈余 NX 由外国的国民收入水平 Y_ω、日本的国民收入水平 Y 以及交易条件的值 τ 所决定。

$(NX-1)$ 当外国的国民收入水平 Y_ω 增加时,会促进出口,改善经常收支,NX 增加。

$(NX-2)$ 当日本的国民收入水平 Y 增加时,会增加进口,因此,降低经常收支,NX 减少。

$(NX-3)$ 当交易条件的值增大时,外国产品与本国产品相比,价格相对升高,本国价格竞争力上升,出口增加,进口减少,导致

NX 增加①。

NX 和 Y_ω, Y 以及 τ 的关系可以用以下函数关系式表示（参考图 7 - 5）

$$NX = \hat{NX}(Y, \tau, Y_\omega) \tag{7.3}$$

因此，CF 与 $(r - r_\omega)$ 间的关系可以用以下函数关系式表示（参考图 7 - 6）

$$CF = \hat{CF}(r - r_\omega) \tag{7.4}$$

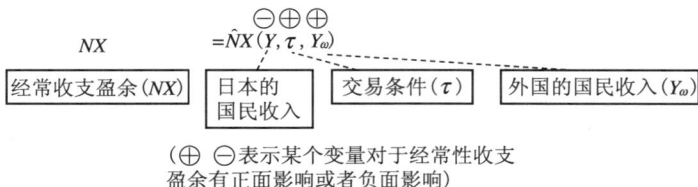

（$\oplus$ $\ominus$ 表示某个变量对于经常性收支盈余有正面影响或者负面影响）

图 7 - 5　经常收支盈与 Y, τ, Y_ω 的关系

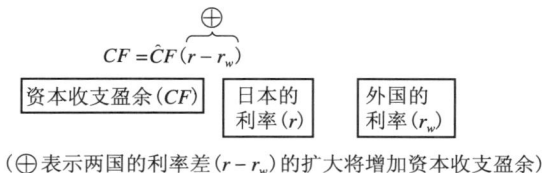

（$\oplus$ 表示两国的利率差（$r - r_w$）的扩大将增加资本收支盈余）

图 7 - 6　资本收支和利率的关系

7.2.2　国际收支均衡线的定义与形状

以下讨论，为了简化分析，假定外国的国民收入 Y_ω，物价水平 p_ω，利率 r_ω 与日本的经济活动无关，而是给定的值 Y_ω；p_ω；r_ω（通常被称为小国事例）。基于这种假定，对上述函数做以下整理

----

① 本章为了避免混乱，而用"交易条件的值 τ 上升（下降）"这一表达方式。假设（NX - 3）适当性很充分，而且很多的基本分析中都会使用该假设，本章也以此为前提展开讨论。可是对此有必要展开严密的论证。在 p 和 p_ω 给定的情况下，交易条件的值表示 $\tau = \pi p_\omega / p$。即，交易条件的值 τ 同 π 向相同的方向变化。因此，有必要对汇率的值 π 同经常收支的关系进行论证。即，有必要对马歇尔-勒纳安定条件展开讨论。对于马歇尔-勒纳安定条件，可以参考克鲁格曼的《国际经济学 Ⅱ 国际宏观经济学》（第 2 版）的日译本（石井·蒲田·竹中·千田·松井译、新世社出版）第 670—673 页。

宏观经济学要点

$$NX = \hat{N}X(Y, \tau, Y_\omega) = NX(Y, \tau) \tag{7.5}$$

$$CF = \hat{C}F(r - r_\omega) = CF(r) \tag{7.6}$$

根据上式,国际收支盈余 BP 可以如下表示

$$BP = NX(Y, \tau) + CF(r) \tag{7.7}$$

如"7.1.3 国际收支盈余"所述,只有在国际收支盈余 BP 为零时,国际收支才会达到均衡。因此,给定交易条件 τ,$BP = 0$,即有

$$NX(Y, \tau) + CF(r) = 0 \tag{7.8}$$

描述 (Y, r) 关系的曲线被称为基于交易条件值 τ 下的国际收支平衡线或 BP 线。在以下的论述中,把 τ 下的国际收支均衡线记为 $BP(\tau)$。

接下来,阐明国际收支均衡线的形状,并讨论随着 τ 的变化,国际收支平衡线 $BP(\tau)$ 是如何移动的。

当 $\tau = \tau'$ 时,考虑基于 τ' 的均衡线 $BP(\tau')$ 的情况。如果 (Y, r) 为 $BP(\tau')$ 上的点,则下式成立

$$NX(Y, \tau') + CF(r) = 0 \tag{7.9}$$

现在,假定点 (Y', r'),(Y'', r''),$Y' < Y''$ 在均衡线 $BP(\tau')$ 上。这时,根据函数 $NX(Y, \tau')$ 的性质 $(NX - 2)$,有

$$NX(Y', \tau') > NX(Y'', \tau'') \tag{7.10}$$

由此可得

$$CF(r') < CF(r'') \tag{7.11}$$

必定成立。因此,根据函数 $CF(r)$ 的性质 $(CF - 1)$,可得 $r' < r''$。因此,$BP(\tau')$ 线是向右上移动的[①]。

当 $\tau = \tau'$ 时,而当 (Y, r) 不在 $BP(\tau')$ 线上时,此时的国际收支

---

① 我们对 $BP(\tau')$ 线的斜率进行严密的推导。根据条件 $(NX-2)$ 可以得到 $\frac{\partial NX}{\partial Y} < 0$。而且,根据条件 $(CF-1)$ 可以得到 $\frac{dCF(r)}{dr} > 0$。当 $\tau = \tau'$ 时,下面的关系式成立。

$$NX(Y, \tau') + CF(r) = 0$$

若把满足上式的 r 与 Y 的关系记作 $r(Y)$,并对 Y 进行微分,则可以得到

$$\frac{\partial NX}{\partial Y} + \frac{dCF}{dr} \cdot \frac{dr(Y)}{dY} = 0$$
（负）（正）

因此,为保证上式成立,$\frac{dr(Y)}{dY}$ 必须为正。这意味着 $BP(\tau')$ 线的斜率为正。

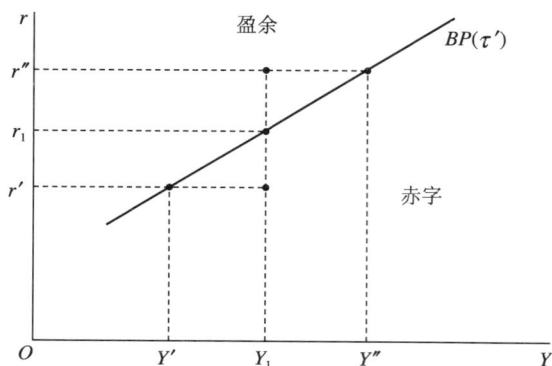

图 7-7 国际收支均衡线的倾斜度

是如何变化的。首先,讨论(Y,r)在均衡线$BP(\tau')$上方的情况。假设如图7-7上的点(Y_1,r''),在图7-7中,点(Y_1,r_1)位于$BP(\tau')$线上。此时,$r'' > r_1$,根据函数$CF(r)$的性质$(CF-1)$,有

$$NX(Y_1,\tau') + CF(r'') > NX(Y_1,\tau') + CF(r_1) = 0 \quad (7.12)$$

也就是说,(Y_1,r'')点上的国际收支处于盈余。一般而言,国际收支均衡线上方的点,国际收支处于盈余。同样,国际收支均衡线下方的点,国际收支出现赤字。

7.2.3 伴随交易条件值(τ)变化的国际收支均衡线的移动

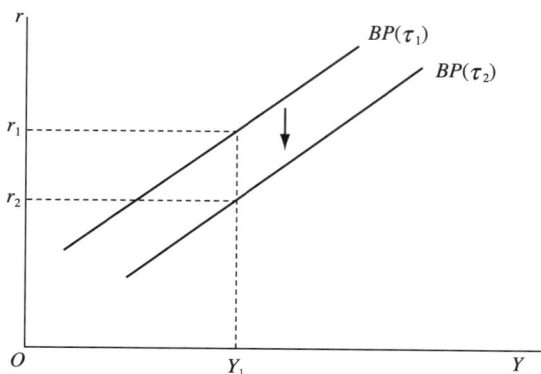

图 7-8 交易条件的变化(从τ_1到τ_2)和国际收支均衡线的移动

接下来,讨论当交易条件值(τ)变化时,国际收支均衡线$BP(\tau)$是如何移动的(参考图7-8)。当$\tau_1 < \tau_2$时,$BP(\tau_1)$线上的点(Y, r)满足下式

$$NX(Y, \tau_1) + CF(r) = 0 \qquad (7.13)$$

同时,$BP(\tau_2)$上的点满足下式

$$NX(Y, \tau_2) + CF(r) = 0 \qquad (7.14)$$

在这里,给定$Y = Y_1$时,假定点(Y_1, r_1)在国际收支均衡线$BP(\tau_1)$上,(Y_1, r_2)为国际收支均衡线$BP(\tau_2)$上,根据函数$NX(Y, \tau)$的性质($NX - 3$),有

$$NX(Y, \tau_1) < NX(Y, \tau_2) \qquad (7.15)$$

因此可得

$$CF(r_1) > CF(r_2) \qquad (7.16)$$

根据函数$CF(r)$的性质,可以得出$r_1 > r_2$。因此,当交易条件值(τ)上升时,国际收支平衡线$BP(\tau)$向下方移动。

7.2.4 完全资本移动情况下的国际收支均衡线

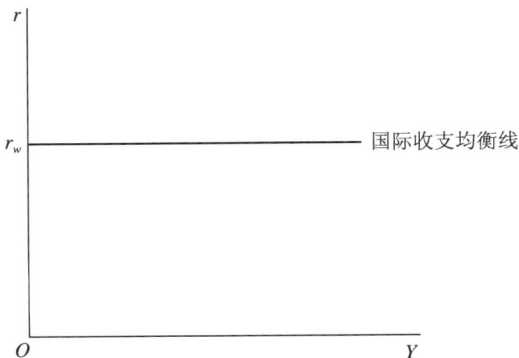

图7-9 完全资本移动情况下的国际收支均衡线

图7-9描述了国际收支均衡线为水平的情况,该图反映了资本移动对利率之差极为敏感的完全资本移动情况。在完全资本移动情况下,若给定外国利率,当本国利率上升时,国外的资本流入会瞬间激增;反之,当本国利率下降时,资本流出会瞬间激增。反映了本国利率根据外国利率水平进行调整的状况。

7.2.5 商品市场与货币市场的均衡以及对外均衡

在上述理论的前提下,接下来将就商品市场与货币市场的均衡以及对外均衡的条件进行讨论。在此用 $C(Y)$,$I(r)$ 来分别表示消费函数与投资函数。当政府支出为 $\overline{G}$ 时开放体系下的国民经济的产品市场均衡可以表示如下

$$Y = C(Y) + I(r) + \overline{G} + NX(Y, \tau) \tag{7.17}$$

在这里,国内商品与劳务需求,即 $C + I + G$,通常被称为吸收(absorption)。在此用 $L(Y;r)$ 来表示货币需求函数(以下的讨论中,只讨论中间区域的情况)。当货币供给量 $M = \overline{M}$ 时,货币市场的平衡可表示如下

$$\overline{M}/P = L(Y, r) \tag{7.18}$$

因此,国际收支的平衡条件可表示为

$$BP = NX(Y, \tau) + CF(r) = 0 \tag{7.19}$$

在此,$\tau = \dfrac{\pi \hat{p}_\omega}{p}$。

7.3 固定汇率机制

7.3.1 均衡国民收入水平与对外贸易乘数

在上述框架的基础上,接下来研究固定汇率机制的功能。在固定汇率机制下,只要不采取平价上升或平价下降的措施,原则上汇率是保持不变的。本节,假设汇率为定值 $\overline{\pi}$,同时,在没有特别规定的情况下,假设本国的物价水平 P 保持不变,以展开讨论。因此有 $\dfrac{\overline{\pi} \hat{p}_\omega}{p}$ 为定值,在此用 $\overline{\tau}$ 表示该值。

与第 3 章的讨论相同,在仅限于产品市场的单一状态下,研究产品市场的均衡与对外均衡的问题。与第 3 章的假设相同,将利率 (r) 设为一个定值,如 $\overline{r}$。此时,由于 $I = I(\overline{r}) = \overline{I}$,$CF(\overline{r}) = \overline{CF}$,产品市场与国际收支的平衡条件如下:

$$Y = C(Y) + \overline{I} + \overline{G} + NX(Y, \overline{\tau}) \tag{7.20}$$

$$NX(Y, \overline{\tau}) + \overline{CF} = 0 \tag{7.21}$$

现在,我们将消费函数与进口函数设定为表示线性关系的函

数,具体如下

$$C(Y) = cY + C_0 (0 < c < 1, C_0 > 1) \quad (7.22)$$

$$M(Y) = mY + M_0 (0 < m < 1, M_0 > 1) \quad (7.23)$$

这时则有

$$NX(Y, \overline{\tau}) = \overline{X} - (mY + M_0) = -mY + \overline{X} - M_0 \quad (7.24)$$

(这里,$\overline{X}$ 为给定的出口量)

假设达到产品市场的均衡所需的国民收入水平为 Y_E,而达到对外均衡所需的国民收入水平为 Y_{BP},可求得下式

$$Y_E = \frac{1}{1 - c + m}(C_0 + \overline{I} + \overline{G} + \overline{X} - M_0) \quad (7.25)$$

$$Y_{BP} = \frac{1}{m}(\overline{X} - M_0 + \overline{CF}) \quad (7.26)$$

如图 7 - 10 所示,Y_E 与 Y_{BP} 并非一定相等。

接下来,在上述的简单例子中,如果政府支出(G)在 $\overline{G}$ 的基础上增加了 ΔG,试求国民收入 Y_E 的增加值 ΔY。与第 3 章中对于乘数理论的推导相同,可以推导出如下关系式

$$\Delta Y = \frac{1}{1 - c + m}\Delta G \quad (7.27)$$

在这里,$1/(1 - c + m)$ 被称为对外贸易乘数。从(7.27)中可以得出,边际出口倾向 m 越大,对外贸易乘数的值越小。另外,当 $m > 0$ 时,有

$$\frac{1}{1 - c + m} < \frac{1}{1 - c} \quad (7.28)$$

这说明,由于存在进口,同时产生了对外国产品的需求,因此与没有进口的情况相比,乘数的值较小,收入的增加效果也不明显。

另外,在图 7 - 10 的情况下,采取增加政府支出的措施,也即扩张性的财政政策,虽然增加了国民收入,增加了就业,但是使国际收支或者说经常收支更加恶化。

7.3.2 均衡与非均衡状态的调整

以上论述都是基于利率固定机制下进行的,接下来,讨论当利率可变时,货币市场的均衡、产品市场与货币市场的均衡以及对外

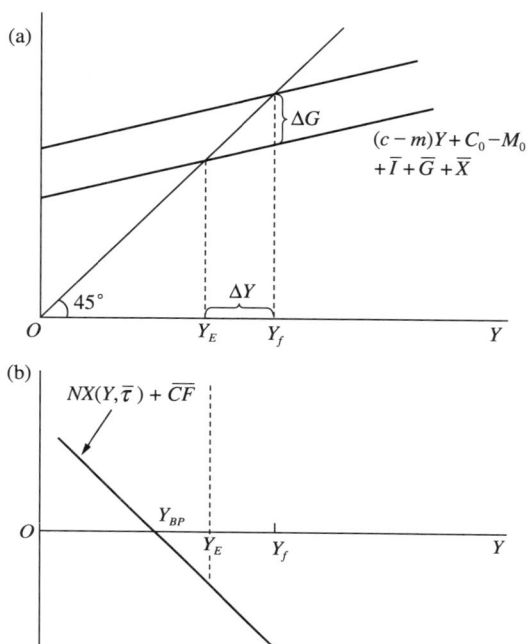

图 7 - 10 商品市场均衡和国际收支均衡

均衡的情况。在这种情况下,由于政府支出的增加,对民间投资产生挤出效应,因此,需要考虑上述开放体系的乘数效应减小了若干倍的情况。

假设固定汇率为$\overline{\pi}$,不变的物价水平为$\overline{p}$,在上述框架中继续讨论。在固定汇率机制下,是否应该遮断国际收支的状况对货币市场的影响,也即是否实行不胎化政策,对以下讨论非常重要。首先,我们给出相关定义。在固定汇率制度下,由于国际收支存在盈余(赤字)情况,中央银行必须进行外汇的购买(卖出),这就使得货币的供给产生了增加(减少)。为了弥补这种外汇储备的增减,遮断国际收支对货币供给量增减的影响,中央银行实行的货币冲销干预政策被称为不胎化政策。

现在,我们假设政府支出$\overline{G}$与货币供给量$\overline{M}$的值给定。此时,如果采取不胎化政策,达成商品市场与货币市场均衡的国民收入与利率(Y_E, rE)满足下式:

$$Y = C(Y) + I(r) + \overline{G} + NX(Y, \overline{\tau}) \tag{7.29}$$

$$\frac{\overline{M}}{\overline{p}} = L(Y, r) \tag{7.30}$$

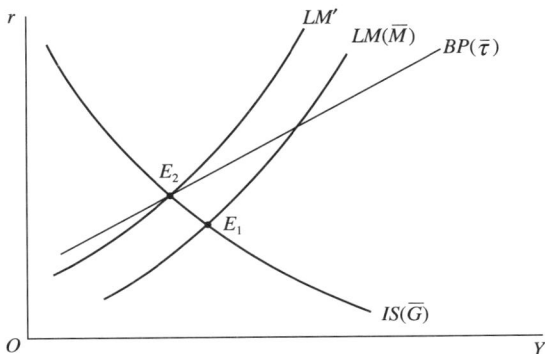

图 7 - 11　不胎化政策与均衡点

　　在图 7 - 11 中,商品市场与货币市场的均衡被给定为 E_1。同时,由于 E_1 位于国际收支均衡线 $BP(\tau)$ 的下方,因此国际收支为赤字。只有采取不胎化政策,才能让经济在 E_1 的位置上保持持续发展。但是由于我们不可能无限制的采取不胎化政策,所以在图 7 - 11 所示的例子中,有必要采取一些别的措施。

　　下面,研究在图 7 - 11 所示的状况下,不采取不胎化政策的结果。假设 $\overline{G}$ 与 $\overline{M}$ 给定,而经济一开始即位于 E_1 的位置。在 E_1 上,产生了与先前一样的国际收支赤字。在这种情况下,如果不采取不胎化政策,货币供给量(M)将减少。假设物价水平为不变值 $\overline{p}$,那么 LM 曲线将向左上方移动。在国际收支持续赤字的情况下,LM 曲线将向左上方移动至 LM' 的位置,此时将得到均衡点 E_2。

7.3.3　金融政策和财政政策

（1）LM 曲线的斜率大于国际收支均衡线的斜率的情况

固定汇率机制下的金融政策

　　如上所述,在不采取不胎化政策的情况下,通过调整,产品市场与货币市场的均衡以及对外均衡最终是可以同时达到的(当然,此时没有考虑调整的速度)。但是,通过这种方法达到的均衡点,并不一定能达到充分就业时的收入水平(图7-12中,用Y_f表示充分就业时的收入水平)。因此,需要考虑采取何种政策才能在达到对外均衡的同时,实现充分就业时的收入水平Y_f。

接下来依次讨论财政政策与金融政策的效果:给定$\overline{G}$与$\overline{M}$,经济最初位于均衡点E上。现在我们实行扩张的货币政策,在货币供给量$\overline{M}$的基础上增加ΔM。这时,均衡点由E移动到E',而在E点产生了国际收支的赤字。在这种情况下,如果不实行不胎化政策,货币供给量会随着准备金的减少而减少,然后,与图7-11的情况相同,LM曲线将向左移动,最后会回到原来的均衡点。反之,在实行减少货币供给的紧缩性货币政策时,均衡点在调整之后也会回到原来的均衡点E。像这样,在固定汇率机制的情况下,不实行不胎化政策,货币政策就没有效果,即货币政策无效。即使实行了不胎化政策,由于不能无限制地使用此政策,如果不采取其他政策加以辅助,均衡点还是要回到原来的均衡位置E点。

固定汇率机制下的财政政策

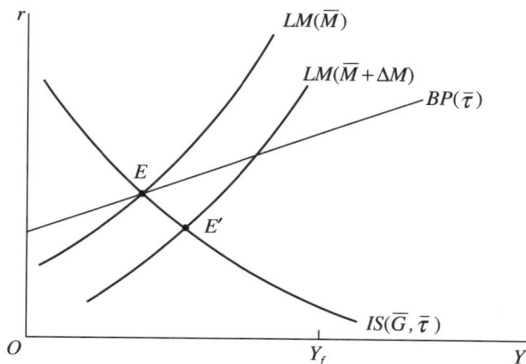

图7-12　固定汇率体制下的金融政策

下面讨论财政政策的效果。在给定$\overline{G}$与$\overline{M}$,经济在E点达到均衡的情况下,实行扩张的财政政策,在政府支出$\overline{G}$的基础上增加$\Delta\overline{G}$(参照图7-13)。这时,均衡点移动到了E',由于点E'位于国际收支平衡线$BP(\overline{\tau})$的上方,国际收支产生盈余。在中央银行不实行不胎化政策的情况下,货币供给量增加,LM曲线向右下方移动。由于均衡点位于国际收支平衡线$BP(\overline{\tau})$上方时,这种调整会持续下去，LM 曲线最终会移动到 LM' 的位置，而均衡点也会落到点 $\hat{E}$ 上。图 7 - 13 表示了这种在固定汇率机制下财政政策有效的情况。

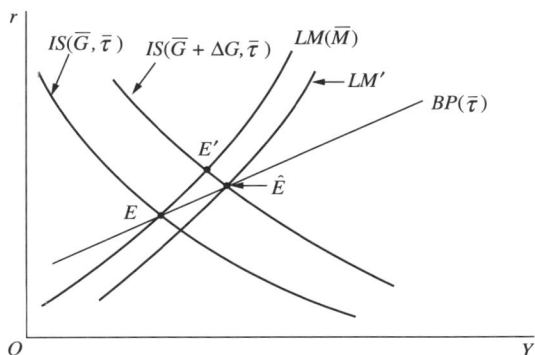

图 7 - 13　固定汇率体制下的财政政策
（LM 曲线比国际收支均衡线的倾斜度大的情况下）

（2）资本完全流动（国际收支均衡线为水平线）的情况

图 7 - 14 表示了资本完全流动（国际收支均衡线变为水平）情况下财政政策的效果。由于在资本完全移动的情况下，随着利率的变化，会瞬间产生巨额的资本流入或流出，因此，可以说不胎化政策实际上无法产生作用。给定 $\overline{G}$ 与 $\overline{M}$，由于政府支出增加了 $\Delta \overline{G}$，均衡点由最初的 E 点移动到了 E' 点，而因为在 E' 点国际收支有盈余，货币供给量 M 就会增加，因此，LM 曲线也会移动至 LM'，产生新的均衡点 $\hat{E}$。在这种情况下，由于实行扩张的财政政策，国民收入增加了 $\hat{Y} - Y_1$。而利率暂时的上升被 LM 曲线向 LM' 移动时引起的利率下降抵消，政府支出的增加完全不会对民间投资产生挤出效应。

（3）国际收支均衡线的斜率大于 LM 曲线斜率的情况

这种情况下，扩张的货币政策与财政政策产生的效果与上述情况中的效果完全相反。关于这种情况，留作各位读者练习。

7.3.4　一体化政策

在实行扩张的金融政策时，如果实行不胎化政策（并非永久性

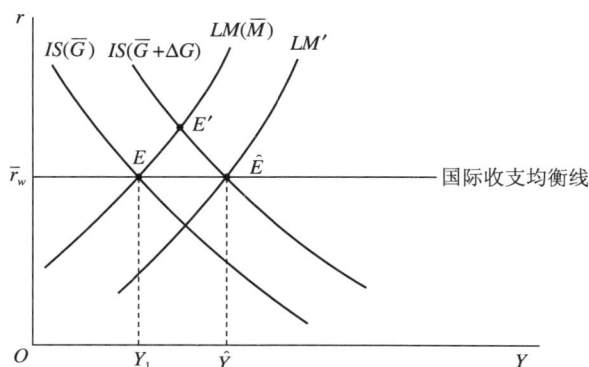

图 7-14   固定汇率体制下的财政政策（完全资本流动）

政策），将会引起利率的下降（参照图 7-12）；在实行扩张的财政政策的情况下，如果给定普通的国际收支平衡线，无论是否实行不胎化政策，利率都会上升（图 7-13 中实行不胎化政策时的均衡点为 E）。这就显示出财政政策与金融政策相混合，即财政政策与金融政策组合（一体化政策）的可能性。

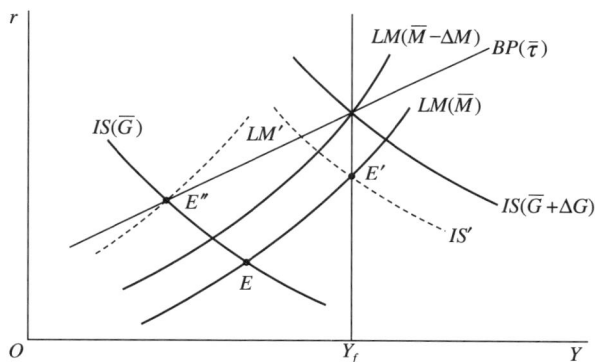

图 7-15   一体化政策

现在，给定政府支出 $\overline{G}$ 与货币供给量 $\overline{M}$，$IS-LM$ 曲线，国际收支均衡线 $BP(\overline{\tau})$（$\overline{\tau}$ 为给定的交易条件的值）的位置与形状，都被政府（参考图7-15）正确地控制。假设充分就业时的国民收入 Y_f 也被正确掌握，经济最初在 E 点达到均衡。在这种情况下，如果单独实行金融政策或财政政策，最多只能达到充分就业或对外均衡中的一个目标,而不可能同时达到充分就业与对外均衡(如图 7-15 所示,如果实行不胎化政策,扩张的财政政策会使经济在 E' 达到均衡,紧缩的金融政策会使经济在 E'' 达到平衡)。

要达到充分就业与对外均衡两个目标,不能只使用一项调控政策,至少要实行两项或两项以上的调控政策[①]。如果实行不胎化政策,如图 7-15 所示,采取在政府支出 $\overline{G}$ 的基础上增加 $\triangle\overline{G}$ 的扩张性财政政策,同时采取在货币供给量 $\overline{M}$ 的基础上减少 $\Delta M>0$ 的紧缩性货币政策,使 LM 曲线移动到 $LM(\overline{M}-\Delta M)$,从而实现充分就业与对外均衡。

7.3.5 平价上升以及平价下降

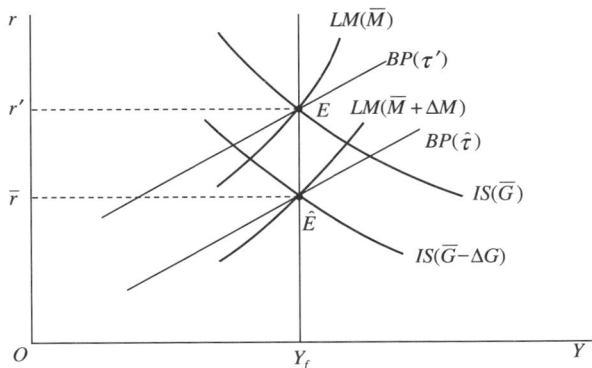

图 7-16 日元贬值

在上述章节中,提出了作为对外均衡的国际收支均衡问题,但是国际收支达到均衡并不意味着就完全没有问题了。当然,也能考虑通过经常收支的大量赤字与资本收支的大额盈余来达到均衡。资本收支盈余的增大意味着负债的增加,对于该国国民经济来说,就意味着偿还负担的增加。为了解决这个新的问题,有必要将维持适当水平的经常收支盈余,或者说维持适当水平的资本收支赤字作为一个新的政策来实行。例如,如图 7-16 所示,假设经

---

① Tinbergen 教授主张,当政策目标的个数为多数时,政策目标的个数必须等于或大于实现这些目标的政策手段的个数。因此此主张被称为 Tinbergen 定理。

济处在 E 的位置,且政府为了对应适当水平的资本收支赤字而制定的利率水平为 $\bar{r}$。此时,国际收支平衡线会向下方移动,直到穿过 $(Y_f, \bar{r})$。同时,必须选择适当的一体化政策(图 7-16 中所示的紧缩的财政政策和扩张的财政政策)并执行。在使国际收支平衡线向下方移动时,交易条件的值 τ 必然会上升。因此(在物价水平 p 保持不变的情况下),汇率的上升,即日元的贬值措施是必要的。

7.4 浮动汇率机制

7.4.1 商品市场与货币市场的均衡以及对外均衡

正如在 7.1.4 节中所提出,1973 年开始世界各国开始向浮动汇率制过渡。虽然实际上所采取的制度并不一定是完全由外汇市场决定汇率,但为了理解浮动汇率制的基本机能,在前节所设定的框架中来考察纯浮动汇率制的机能。以下,同前节,假定本国的物价水平为定值 $\bar{p}$。

在给定政府支出 $\bar{G}$ 和货币供给量 $\bar{M}$ 的情况下,达到产品市场与货币市场的均衡以及对外均衡所需的国民收入 Y_1、利率 γ_1 以及交易条件的值 τ_1 满足下式:

$$Y = C(Y) + I(r) + \bar{G} + NX(Y, \tau) \tag{7.31}$$

$$\frac{\bar{M}}{\bar{p}} = L(Y, r) \tag{7.32}$$

$$NX(Y, \tau) + CF(r) = 0 \tag{7.33}$$

此时有 $\tau = \dfrac{\pi \bar{p}_w}{\bar{p}}$($\bar{p}_w$ 为已知的国外物价水平)

7.4.2 浮动汇率机制下的财政政策

(1) LM 曲线的斜率大于国际收支均衡线的斜率的情况

如图 7-17 所示,$\bar{G}$ 与 $\bar{M}$ 已知,经济处于 E^* 的位置,且交易条件的值为 τ^*,汇率为 π^*($\tau^* = \pi^* \bar{p}_w / \bar{p}$)。现在假设实行扩张财政政策,将政府支出在 $\bar{G}$ 的基础上增加 ΔG。此时,均衡点会暂时移动到 E',而由于均衡点在 E' 时国际收支会有盈余,所以汇率会在 π^* 的基础上减少(在日本表现为日元升值)。由此,交易条件的值 τ 也会

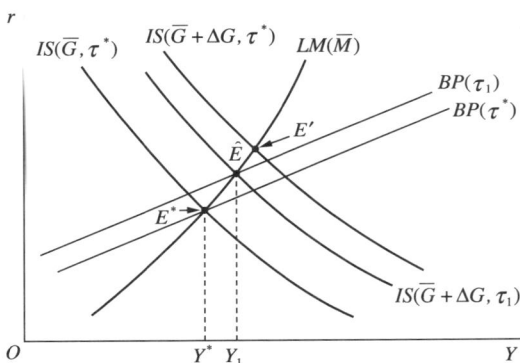

图 7 - 17　浮动汇率体制下的财政政策
（LM 曲线的倾斜度比国际收支均衡线大的情况）

减少,并且国际收支平衡线会向上方移动。与此同时,随着 τ 的减少,各个 Y 所对应的 $NX(Y,\tau)$ 的值也将变小,IS 曲线将向左下方移动。在图 7-17 中,调整是通过减少汇率,同时将交易条件的值 (τ) 减少至 τ_1 来完成的。在图 7-17 所示的情况下,最终,由政府支出的增加带来的国民收入的增加将止于 $Y_1 - Y^*$。像这样,在浮动汇率机制下,尤其是在纯净浮动汇率机制下,通过有浮动的汇率所起到的调整作用,增加政府支出的扩张财政政策所得到的增加收入的效果被大大削减了。

（2）资本完全流动（国际收支均衡线为水平线）的情况

接下来,考察在资本完全流动的情况下的扩张财政政策的效果（参考图 7-18）。假设 $\overline{G}$ 与 $\overline{M}$ 已知,最初经济位于 E_1,即经济位于 $(Y_1, \overline{r}_\omega)$,且汇率为 π_1,交易条件的值 (τ) 为 $\tau_1 = \pi_1 \overline{p}_\omega / \overline{p}$。现在,假设实行了扩张财政政策,将政府支出在 $\overline{G}$ 的基础上增加了 ΔG。此时,均衡点将暂时移动到 E',而由于利率上升至 r',从而在该国民经济中产生了资本的流入,导致国际收支产生盈余,汇率的值 (π) 降低（也即所谓的日元升值）。由等式 $\tau = \pi \overline{p}_\omega / \overline{p}$ 可以推知,由于 π 的值降低,交易条件的值 (τ) 也会减少,最后 IS 曲线便会向左下方移动。通过这样的调整,由于利率持续高于国际水平 $\overline{r}_\omega$,最终,IS 曲线会回到 $IS(\overline{G})$ 的位置,同时均衡点也会回到 E_1。因而,在纯浮动汇率制下,当资本完全流动时,扩张的财政政策在增加收入这个问题上

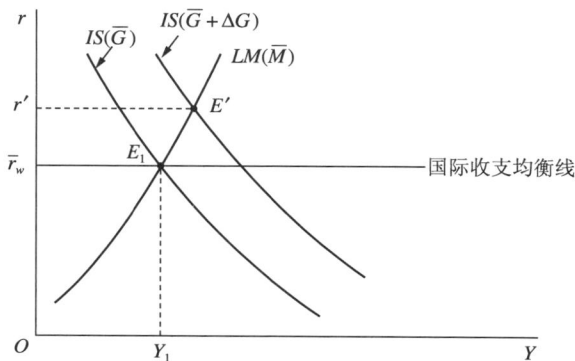

图 7‑18　浮动汇率体制下的财政政策效果
（资本完全流动的情况）

可能完全没有效果。这一点，与基于固定汇率制的情况形成鲜明的对比。在固定汇率制下，特别是在资本完全移动时，扩张的财政政策是非常有效得。

（3）国际收支均衡线的斜率大于 *LM* 曲线的斜率的情况

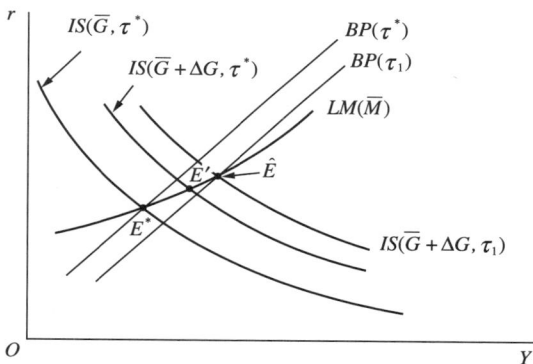

图 7‑19　浮动汇率体制下的财政政策效果
（国际收支均衡线的倾斜度大于 *LM* 曲线的情况）

这种情况下，如图 7‑19 所示，将得出与前文不同的结论（关于这种情况的具体分析，留作读者练习）。

7.4.3 浮动汇率机制下的金融政策

（1）LM 曲线的斜率大于国际收支均衡线的斜率的情况

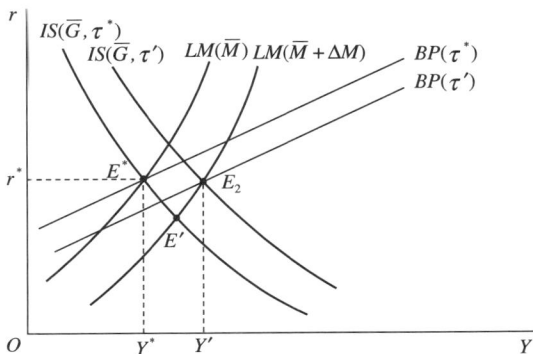

图 7－20　浮动汇率体制下的金融政策效果
（LM 曲线的倾斜度比国际收支均衡线大的情况）

下面,考察在纯浮动汇率下金融政策的效果。给定 $\overline{G}$ 与 $\overline{M}$,最初在图 7-20 的 E^* 处经济达到平衡,此时国民收入为 Y^*,利率为 r^*,汇率为 π^*,且交易条件的值为 τ^*（$\tau^* = \pi^* \overline{p}_w / \overline{p}$）。现在,如果实行在货币供给量 $\overline{M}$ 的基础上增加 ΔM 的扩张性金融政策,均衡点会暂时移至 E',在 E' 点产生国际收支赤字。结果导致汇率（π）上升,而由于汇率（π）的上升,交易条件的值（τ）也会上升,国际收支平衡线向右下方移动（经常收支盈余随 τ 的上升而增加）,从而 IS 曲线向右上方移动。图 7-20 表示了由于汇率 π 上升为 π',交易条件的值上升至 $\tau' = \pi' \overline{p}_w / \overline{p}$ 而产生的调整后的状态。在这种情况下,国民收入增加了 $Y' - Y^*$[①]。像这样,尽管在固定的汇率机制下,金融政策的效果有限,但在纯浮动汇率机制下,扩张性的金融政策效果非常明显。

（2）资本完全流动的情况（国际收支均衡线为水平线的情况）

上述情况,在资本完全流动的情况下表现得更加明显。利用图 7-21 对其做一下简单的验证。在图 7-21 中,经济最初在 $\overline{E}$ 点达到平衡,汇率为 $\overline{\pi}$。在实行在货币供给量 M 的基础上增加 ΔM 的扩张性金融政策是,均衡点会暂时移至 E',也就是说国民收入增至

---

① 这一政策通常又称为近邻穷乏化政策。

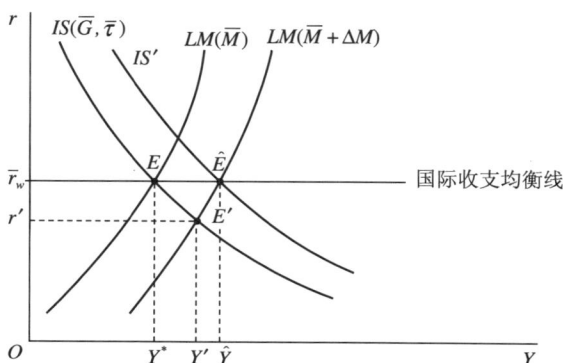

图 7 - 21　浮动汇率体制下的金融政策（资本完全流动的情况）

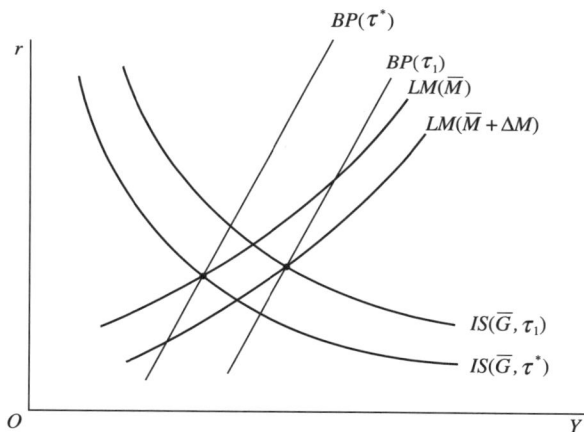

**图 7 - 22　浮动汇率体制下的金融政策
（国际收支均衡线的倾斜度比 LM 曲线大的情况）**

Y'，同时利率降至 r'。由于 r' 比 $\bar{r}_w$ 低，因此会产生资本流出，结果就是国际收支恶化。与此同时，汇率 (π) 增大，导致交易条件的值 (τ) 上升，经常收支盈余增加，结果 IS 曲线将向右上方移动。在这个过程中，由于利率一直低于 $\bar{r}_w$，最终 IS 曲线移至 IS'，经济平衡点移动至 E'。像这样，在资本完全流动的前提下，浮动汇率机制（纯浮动汇率机制）下的金融政策会非常有效，与固定汇率机制下，若不实行不胎化政策，金融政策就完全无效的情况形成鲜明对比。

（3）国际收支均衡线的斜率大于 LM 曲线的斜率的情况

这种情况下，如图 7-22 所示，将得出与前文不同的结论。（关于这种情况的具体分析，留作读者练习）。

7.5 关于汇率的理论——J 曲线的效果

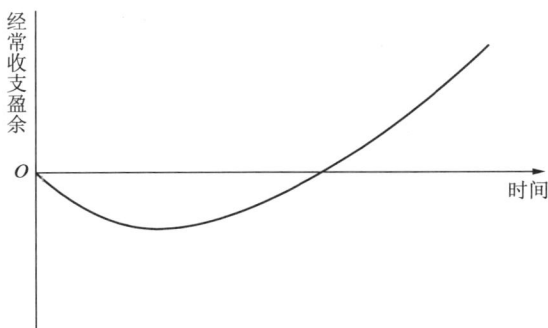

图 7-23 汇率变化与 J 曲线的效果

下面介绍与汇率相关的若干内容。在 7.2 与 7.3 的讨论中设定，本国及外国的物价水平，$\bar{p}$、$\bar{p}_w$ 原则上是不变的，在汇率 (π) 上升（下降）时，根据 $\tau = \dfrac{\pi \bar{p}_w}{\bar{p}}$，交易条件值 (τ) 上升（下降），这时，根据 $NX(Y, \tau)$ 的性质，经常收支的盈余会立刻增加（减少）。

而实际上，在国际收支赤字的国家，尽管汇率 π 上升，经常收支的盈余却没有立即增加，而是如图 7-23 所示，在经过一定的延迟之后才开始增加。在图 7-23 中，时间为横轴，经常收支盈余为纵轴，汇率 (π) 的上升在开始的阶段却使经常收支出现恶化，然后，才逐渐的改善经常收支的情况。像这样，汇率的变动对经常收支的波及效果，在图上表示为一条类似于 J 的曲线，因此被称为 **J 曲线效果**。

第 7 章总结

1. 国际收支表记录了一个国家同外国进行的商品，货币，劳务等的交易状况。

2. 国际收支盈余被定义为经常收支盈余与资本收支盈余之和。

3. 经常收支盈余(NX)由该国民经济的国民收入 Y 与交易条件 τ 的值决定。可以表示为等式 $NX = NX(Y,\tau)$

4. 资本收支盈余(CF)由该国民经济的利率 r 决定,可以表示为函数 $CF = CF(r)$。

5. 满足国际收支盈余(BP)为 0,即 $NX(Y,\tau) + CF(r) = 0$ 的所有 (Y,r) 组成的曲线被称为国际收支均衡线。

6. 国际收支均衡线是一条向右上方倾斜的曲线(在本章中,为了简便起见,将其描绘成一条直线)。该曲线随着交易条件的值上升(下降),而向上方(下方)移动。

7. 资本移动对利率的差额极为敏感的情况被称为资本完全流动的情况,这时的国际收支均衡线被描绘成一条水平的直线。

8. 在给定线性消费函数($C = cY + C_0$)与进口函数($M = mY + M_0$)的情况下,可以求得对外贸易乘数如下

$$\frac{\Delta Y}{\Delta G} = \frac{1}{1 - c + m}$$

当 $m > 0$ 时,有 $1/(1 - c + m) < 1/(1 - c)$。由此可知,存在进口的情况下,由于产生了对外国产品的需求,与没有进口的情况相比,乘数变小,因此收入的增加效果也不明显。

9. 在固定汇率制度下,如果不采取不胎化政策,扩张的货币政策在增加收入方面是无效的,而扩张的财政政策是有效的。

10. 为了同时实现充分就业与对外均衡这两个政策目标,必须采取货币政策与财政政策相结合,即一体化政策。

11. 在浮动汇率制度下,由于浮动利率的调节作用,扩张性财政政策的收入增加效果被大大削弱了。特别是在纯浮动汇率制的情况下,扩张的财政政策在增加收入方面完全无效。

12. 在浮动汇率制度下,与固定汇率制度下的情况相对比,实行扩张的货币政策在增加收入方面是非常有效的。

13. 实例证明,国际收支为赤字的国家在汇率上升的情况下,并没有立即产生与之相应的国际收支盈余的增加,而是产生类似于 J 形曲线的变化,在经过一定的延迟之后开始增加。这种汇率对经常收支的波及效果被称为 J 曲线效果。

第8章 宏观经济学理论·政策中存在的争论

在本章的开始部分,基于古典学派理论的基础上,我们来研究失业和通货膨胀等问题,且着重介绍货币经济学者关于通货膨胀率的决定机制的理论。之后,在学习真实经济周期(real business cycle:RBC)理论的基础上,通过此理论来说明新古典经济学派和新凯恩斯学派之间争议所在。此外,众所周知,当实际工资处于较高水平时,劳动力市场不会根据工资水平进行调整,也就是说,劳动力的雇用量是相对刚性、不易变化的。在本章,介绍了效率工资假说(efficiency wage hypothesis),而基于这种假说的模型,会为工资和雇用量之间刚性的存在提供依据。在本章的最后,将会对宏观经济政策展开讨论。

8.1 争议所在

到目前为止,我们明确了以下几个问题:

(1)除了古典学派以外,政府支出和名义货币供给量的变化将引起国民收入和物价的变动。当然,由于技术性的突变,总供给曲线发生变化时,国民收入和物价也将发生变动。

(2)在古典学派的理论中,因某种需求要因的变化而引起发生的总需求曲线的移动,将带来物价的变动,可是国民收入却不发生任何变化。

在宏观经济学中,人们最关心的话题恐怕是失业和通货膨胀

（或紧缩），政策讨论中这也是需要解决的最终目标。根据凯恩斯学派的观点，经济本身自主地恢复到完全雇用状态是不可能的，所以需要政府采取一些行动。而且，如果遵循前面各章的理论，政府具有适当地控制这些问题的方法与手段。可是，古典学派和凯恩斯学派之间关于宏观理论·政策展开了激烈的争论。古典学派主张物价是伸缩性的，长期经济基本上可以达到充分就业状态，因此，应该尽可能地排除政府的干涉。可是，新古典宏观经济学派（new classical macroeconomists）和凯恩斯学派（new Keynesian economists）一直同该理论相对立。本章，在探讨带来物价和失业的短期经济变动的要因的同时，将思考古典学派和新古典宏观经济学派、凯恩斯学派之间的对立[①]。

8.2 预期形成和通货膨胀率的形成

在前面的章节已经明确了凯恩斯学派的理论，本节将在古典学派理论的延长线上考察失业和通货膨胀的问题。这一节，特别对关于通货膨胀率形成的货币学派的理论进行介绍，以说明预期形成的重要作用。本节的模型显示，货币性冲击会带来短期的经济变动，可是对长期的实物经济却没有任何影响。而且，通过该模型能够确认如果预期形成是合理的，那么短期的冲击也不会对实物经济产生影响。

8.2.1 菲利普斯曲线、物价版菲利普斯曲线以及伴随预期的菲利普斯曲线

菲利普斯（A. W. Philips）在 1958 年的论文中通过实证分析明确：失业率高的时候，货币工资率的增长率低，即失业率和货币

[①] 在国民收入、设备投资和库存等种种经济变量的持续变动中，可以观察到某种规律性的变动。作为一种长期的趋势，发达国家的经济实现了增长，可是也发现了种种循环性的变动（康德拉夫循环：Kondratiev cycle，库兹涅茨循环：Kuznets cycle，朱格拉循环：Juglar cycle，基钦循环：Kitchin cycle）。其中，Kondratiev cycle 每隔 50 至 55 年循环一次，Kuznets cycle 的循环周期平均为 20 年，Juglar cycle 为 7 至 10 年，Kitchin cycle 为 40 个月。而且，这些循环中也存在着季节变动。

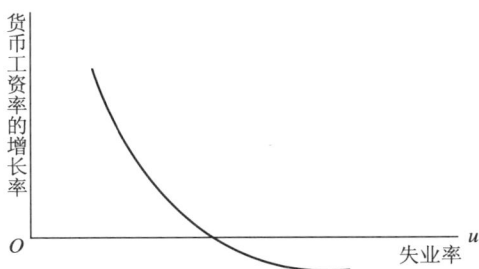

图 8-1　菲利普斯曲线

工资率之间存在着二率背反关系[①]，后发现被命名为菲利普斯曲线（参考图 8-1）。此外，该论文表明，货币工资率的增长率和物价上升率之间呈现出成比例变化的趋势，因此，失业率和物价上升率之间也存在着二率背反关系。以下，π 表示物价上升率（通货膨胀率），u 表示失业率，u_N 表示自然失业率（完全雇用状态，即当非自动性失业解消时的失业率）。于是上述的二率背反关系可以用下列关系式进行简单的定义。

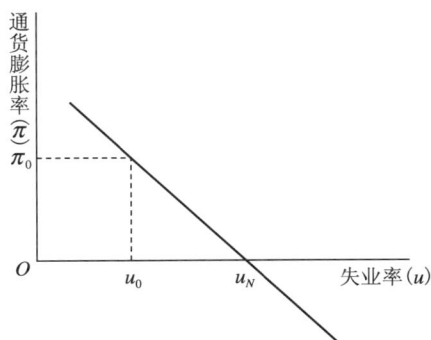

图 8-2　物价版菲利普斯曲线

$$\pi = -a(u - u_N)$$

这里，a 是任意正数，以下将对应于该关系式的曲线称为物价版菲利普斯曲线（参考图 8-2）。

---

① 可以参考 A. W. Phillips, "The Relation between Unemployment and the Rate of Change of Money Wages in the United Kingdom," *Economica*, 1958.

近年,上述物价版菲利普斯曲线伴随着预期通货膨胀率的变化而移动被广为熟知,因此,在上述关系式中加入预期通货膨胀率 π^e 后,将其修正成以下式子(参考图 8-3)。

$$\pi = \pi^e - a(u - u_N)$$

因此,预期通货膨胀率高时,对应于各个失业率的通货膨胀率也相应地升高,其结果是现实中的通货膨胀率也升高。

消费者物价(前年比,%)

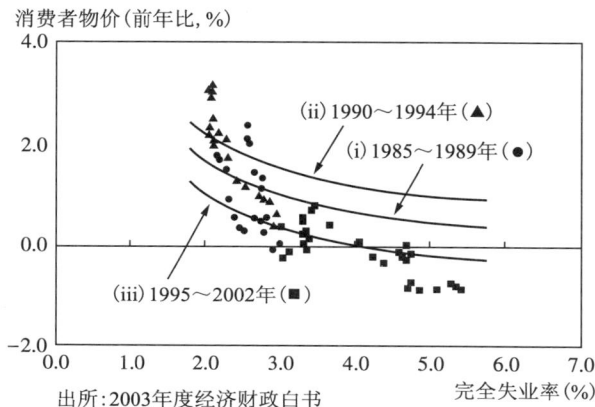

出所:2003年度经济财政白书

图 8-3　日本的物价版菲利普斯曲线

8.2.2　奥昆法则和通货膨胀供给曲线

接下来,作为过渡理论,介绍一下奥昆法则(Okun's law)[1]。奥昆法则描述了完全雇用国民收入水平 Y_f、实际国民收入水平 Y 的差值,同失业率 u、自然失业率 u_N 的差值之间的关系。可以用以下公式简单地表示该关系式(参考图 8-4,b 为正数)。

$$u - u_N = -b(Y - Y_f)$$

根据奥昆法则和物价菲利普斯曲线,可以得到以下关系式。

$$\pi - \pi^e = -a(u - u_N) = ab(Y - Y_f)$$

也即,

$$\pi = \pi^e + ab(Y - Y_f)$$

---

[1]　可以参考 A. M. Okun, "Potential GDP: Its Measurement and Significance,"in Okun's *The Political Economy of Prosperity*, Washington D. C. , Brookings Institution, 1970。

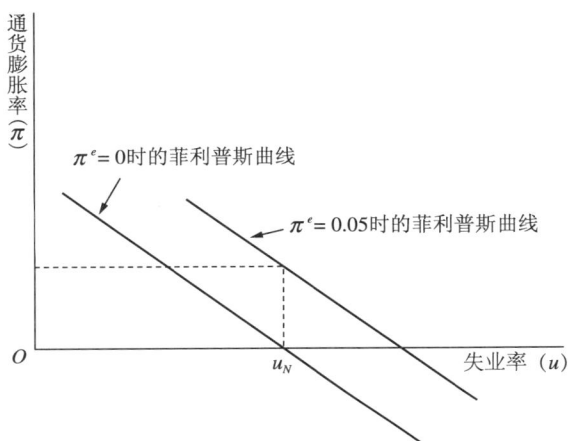

图8-4 附加通胀预期的菲利普斯曲线的移动

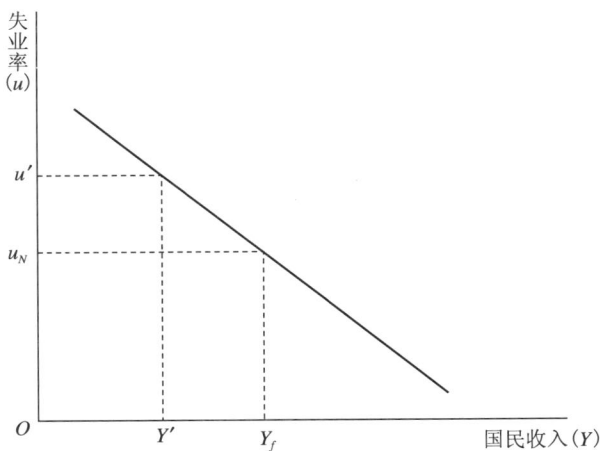

图8-5 奥昆法则

将上述关系描述在 (Y, π) 平面所得到的曲线称为菲利普斯曲线。在图8-5中的菲利普斯曲线对应的预期物价上升率 π^e 为0.05。

接下来,为了探讨调整过程,使用如下符号对其进行明确的规定。

$$\pi_t = t \text{ 期的通货膨胀率}(t = 1, 2, \cdots)$$

$$\pi_t^e = t \text{ 期的预期通货膨胀率}(t = 1, 2, \cdots)$$

$$Y_t = t \text{ 期的国民收入}(t = 1,2,\cdots)$$

下面,t 期$(t = 1,2,\cdots)$的实际通货膨胀率和国民收入分别以 $\hat{\pi}_t$,$\hat{Y}_t$ 来表示。于是,t 期$(t = 1,2,\cdots)$的通货膨胀曲线可以用下式表示。

$$\pi_t = \pi_t^e + ab(Y_t - Y_f) \cdots\cdots S_t$$

这里,Y_f 表示充分就业时的国民收入水平。另外,关于预期形成,隐含在如下的预期模型中。

$$\pi_t^e = \hat{\pi}_{t-1} \quad (t = 1,2,\cdots)$$

8.2.3　通货膨胀需求曲线

接下来,对通货膨胀需求曲线进行说明。在前面的几章中,假设租税构造固定,政府支出和名义货币供给量也是固定不变的,导出了物价水平和总需求关系的总需求曲线。这里,仍然把租税构造作为已知条件进行讨论。在通常的情况下,可以从总需求曲线的相关理论中,推导出政府支出的增加率 g 越大,总需求的增加也越大。如果把此作为分析的前提,以下的关系式成立。

$$Y_t - \hat{Y}_{t-1} = \alpha(m - \pi_t) + \xi g$$

这里,α 和 ξ 是正的常数,m 是名义货币的增加率,$\hat{Y}_{t-1}$ 表示 t 期的国民收入,在此视为一定。

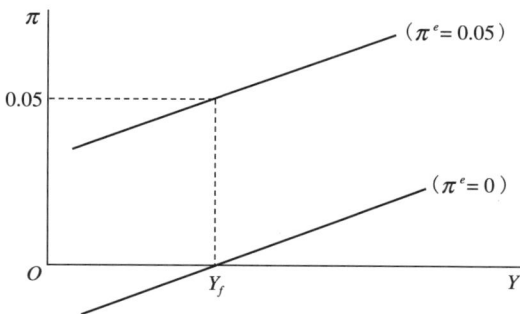

图 8 - 6　通货膨胀供给曲线

接下来,分析基于 $g = 0, m = m'$ 状况下的菲利普斯曲线。此时,上述式子可以如下表示。

$$Y_t = \hat{Y}_{t-1} + \alpha(m' - \pi_t) \cdots\cdots D_t$$

将上述关系描述在 (Y, π) 平面得到的曲线称为 t 期的通货膨胀需求曲线(D_t)(参考图 8-7)。

8.2.4 通货膨胀率的长期调整过程

在图 8-8 中,通货膨胀供给曲线为 S_0,通货膨胀需求曲线为 D_0,此时短期均衡在 $E_0 = (Y_0, \pi_0)$ 给出。可是,在下个时期,通货膨胀供给曲线和需求曲线都将移动,到达一个新的均衡点。这样的调整过程将一直持续下去。接下来利用图 8-8 来考察一下这个过程。

第 1 期的通货膨胀供给曲线(S_1)由以下式子给出。

$$\pi_1 = \hat{\pi}_0 + ab(Y_1 - Y_f)$$

另外,第 1 期的通货膨胀需求曲线(D_1)由以下式子表示。

$$Y_1 = \hat{Y}_0 + \alpha(m' - \pi_1)$$

因为通货膨胀供给曲线 S_1 是通过点 $(Y_f, \hat{\pi}_0)$、且平行于 S_0 的直线,而通货膨胀需求曲线是通过点 $(\hat{Y}_0, m')$ 且平行于 D_0 的直线,所以,第 1 期的均衡点是 $E_1 = (\hat{Y}_1, \hat{\pi}_1)$。

第 2 期的通货膨胀供给曲线(S_2)和通货膨胀需求曲线(D_2)由以下式子给出。

$$\pi_2 = \hat{\pi}_1 + ab(Y_2 - Y_f)$$

$$Y_2 = \hat{Y}_1 + \alpha(m' - \pi_2)$$

通货膨胀供给曲线(S_2)和通货膨胀需求曲线(D_2)的 $E_2 = (\hat{Y}_2, \hat{\pi}_2)$ 为第 2 期的均衡点。

依次类推,第 3 期、第 4 期……可以得到一系列的均衡点,很明显它们有接近于 $D = (Y_f, m')$ 的趋势。也就是说,长期地,通货膨胀率(π)和名义货币的上升率(m')一致。另外,国民收入和完全雇用状态的国民收入水平 Y_f 一致,因此,失业率最终也被调整至自然失业率 u_N 的水平。

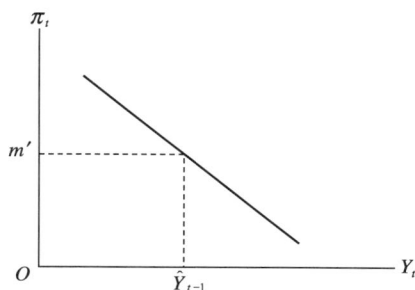

图 8 - 7 通货膨胀需求曲线

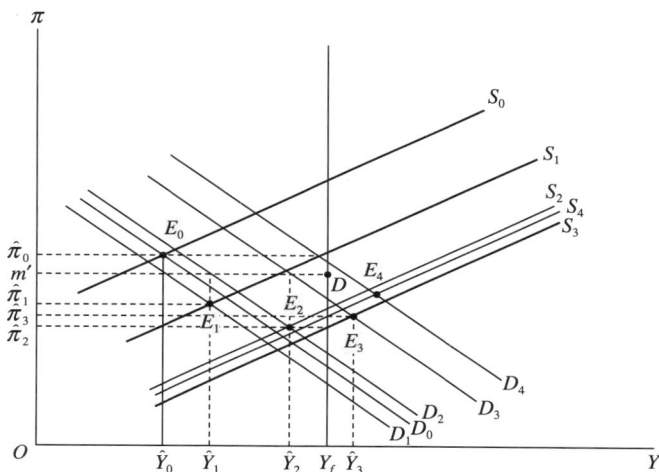

图 8 - 8 短期的通货膨胀率和长期调整

8.2.5 名义货币增加率的变化

通货膨胀供给曲线和通货膨胀需求曲线分别用下式表示。

$$\pi_t = \pi_t^e + ab(Y_t - Y_f)$$

$$Y_t = \hat{Y}_{t-1} + \alpha(m - \pi_t)$$

在预期 $\pi_t^e = \pi_{t-1}$ 的前提下,假设最初名义货币供给量的增加率 m' 为已知并且固定不变,于是通货膨胀供给曲线和通货膨胀需求曲线在图 8 - 9 中分别以 S_0 和 D_0 表示,均衡点为 $(\hat{Y}_0, \hat{\pi}_0) = (Y_f, m')$。在以上的情况下,现在假设采取某种金融政策使得名义货币

供给量的变化率从 m' 上升到 m''。此时,第1期的通货膨胀供给曲线和需求曲线由下式给出。

$$\pi_1 = \hat{\pi}_0 + ab(Y_1 - Y_f) = m' + ab(Y_1 - Y_f) \cdots S_1$$

$$Y_1 = \hat{Y}_0 + \alpha(m'' - \pi_1) = Y_f + \alpha(m'' - \pi_1) \cdots D_1$$

这样,第1期的通货膨胀供给曲线没有发生移动,可是需求曲线变成通过点 (Y_f, m'') 且和 D_0 平行的直线。所以,第1期的均衡点为 $\hat{E}_1$。依次类推,均衡点系列组中接近点 $A = (Y_f, m'')$。因此,与前面的结论相同,长期地,物价上升率为 m'',国民收入为 Y_f,失业率最终也被调整至自然失业率 u_N 的水平。可是,这种情况下,调整到长期均衡的过程中,会出现国民收入减少、通货膨胀率升高的局面,即所谓的滞胀现象①。

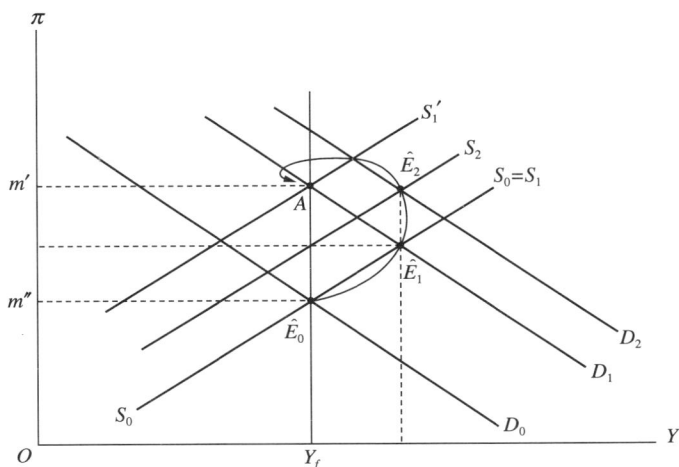

图 8-9　名义货币增加率和长期调整

以上的分析,是在预期形成基于静态预期这个前提下展开讨论的。接下来,对预期形成基于下式的情况进行分析。

$$\pi_t^e = 名义货币增加率(m)$$

这种情况下 $\pi_t^e = m''$,通货膨胀供给曲线(S_1')由以下式子给出。

---

① 存在国民收入减少,而同时通货膨胀持续的局面。

$$\pi_1 = m'' + ab(Y_1 - Y_f)$$

另外,通货膨胀需求曲线(D_1')为下列曲线。

$$Y_1 = Y_f + a(m'' - \pi_1)$$

因此,预期形成 $\pi_t^e =$ 货币增加率这种状况下,长期的调整完全没有必要,经济会立刻到达长期均衡状态。$\pi_t^e =$ 货币增加率(m)这种预期形成被称为合理预期[①](rational expectation)。因此,发生货币冲击的时候,长期将不需要进行调整,可是在短期,在合理预期的情况下,可以立即进行名义性的调整。

最后,对通货膨胀再附带地阐明下述观点。通常认为高通货膨胀的背后存在着政府的铸币税(seignorage)问题。当政府赤字达到极限水平时,投资家将不再购买国债。这种状况下,政府为了制定预算实施政策,不得不依赖于铸币税。最终,带来令人吃惊的高通货膨胀。

8.3 新古典经济学派和新凯恩斯学派的持论

8.3.1 实际经济周期理论

劳动供给的跨期替代性

根据第 6 章的凯恩斯学派的理论,因货币名义性的要因而带来经济变动,可是在前一节的分析中,如果不把合理预期作为前提,即使不实施长期性的名义调整,短期经济变动也将发生。在本节,在说明新古典经济学派和新凯恩斯学学派对名义调整所持有的不同论点时,介绍真实经济周期理论[②](real business cycle: RBC)。在实际经济周期理论中,虽然和技术生产过程相关的技术

---

① 关于合理预期形成理论可以参考 R. E. Lucas, "Expectation and Neutrality of Money,"Journal of Economic Theory, 1972。上述理论是以完全信息为前提的,伴随不完全信息的修正模型中,预期值与名义货币增加率(m)一致。对不完全信息的相关理论感兴趣的学生可以参考罗默的《高级宏观经济学》。

② 包括 RBC 理论在内的以下部分讨论以种种形式展开。在曼昆的《宏观经济学》中,面向初级学习者展开了简单易懂的论述。对于有一定数学基础的学生,则可以参考罗默的《高级宏观经济学》。在本章,为了向学生提供中级水平的内容,决定参考两者的论述,运用一定的数学理论模型展开讨论。

性冲击,或财政政策会引起经济雇佣和产出的变动,但是因为价格是具有弹性的,所以类似于货币供给等名义变量即使在短期内发生变动,也不会对实物经济带来影响。本节将边对 RBC 理论进行简单的介绍,边讨论上述问题。RBC 理论是对古典学派原理的应用,以下列两点为前提。

(1)古典学派的二分法是妥当的

(2)价格是具有弹性的

本节,为了简化分析,以家庭的行动为考察中心。假设每个家庭生存两个时期,初期资产为零,各期的时间总量为 1。另外,假定对于第 2 期的工资和利率不存在不确定性。首先,定义以下一些符号。

$l_t = t$ 期的劳动量,$c_t = t$ 期的消费量,$w_t = t$ 期的工资率,$r =$ 利率

本节的以下分析中,假定商品的基准价格为 1。个人在第 1 期将 1 单位总时间中的 l_1 用于劳动,剩下的 $1 - l_1$ 作为娱乐时间。因此个人得到 $w_{-}l_1$ 的收入,这其中的 c_1 用于消费,剩下的 $w_1 l_1 - c_1$ 作为储蓄。因此,个人在第 1 期的时候从消费 c_1 和娱乐 $1 - l_1$ 中获得效用。进入第 2 期后,个人用于劳动时间和娱乐时间分别为 l_2 和 $1 - l_2$,将第 1 期的储蓄收入 $(1 + r)(w_1 l_1 - c_1)$ 和劳动收入 $w_2 l_2$ 全部用于消费,因此,个人将从消费 $(1 + r)(w_1 l_1 - c_1)$ 和娱乐 $1 - l_2$ 中获得效用。为了简化分析,假设时间偏好率为 ρ,定义如下效用函数。

$$u(c_t, l_t) = \log c_t + a \log(1 - l_t)(t = 1, 2)$$

为了求解家庭的主体均衡条件,考察以下问题[①]:

$$\text{maximize} \log c_1 + a \log(1 - l_1) + \frac{1}{1 + \rho} \{\log c_2 + a \log(1 - l_2)\}$$

导致

$$c_1 + \frac{1}{1 + r} c_2 = w_1 l_1 + \frac{1}{1 + r} w_2 l_2, 0 < l_t < 1 (t = 1, 2)$$

---

① 预算约束式如下。
$$(1 + r)(w_1 l_1 - c_1) + w_2 l_2 = c_2$$

根据假定的效用函数的性质,讨论等号成立的状况即可。由此式子之后,可以得到如上的预算约束式。

现在假设 $(\hat{c}_1, \hat{c}_2, \hat{l}_1, \hat{l}_2)$ 为上述问题的解,此时以对应于利率的变化,劳动供给是如何发生变动的为讨论中心,这里利用图 8 - 10 来进行直观考察[①]。从函数的形式来看,劳动的边际替代率 $=(1+r)w_1/w_2$ 成立[②]。所以,对于 $\hat{l}_1, \hat{l}_2$

$$\frac{(1+\rho)(1-\hat{l}_2)}{1-\hat{l}_1} = \frac{(1+r)w_1}{w_2}$$

成立。因此,下列关系式成立。

$$\frac{1-\hat{l}_1}{1-\hat{l}_2} = \frac{(1+\rho)w_2}{(1+r)w_1}$$

根据上式,因为 w_1, w_2 已知,利率 r 上升时,同第 2 期的娱乐相比,个人会减少第 1 期的娱乐时间,增加第 1 期的劳动时间。这样,劳动供给对利率变化的反映被称为跨期替代性(*intertemporal substitution*)。

真实经济周期理论和经济变动

现在,把以上的结论作为前提,介绍 RBC 理论产出变动的规律。在图 8 - 11 中的第 1 象限,描述了上述理论所暗示的利率和劳动供给的关系;第 4 象限,描述的是通常的生产函数,可以从第 3 象限导出利率和产出量之间的关系。在以下分析中,把这种关系表示为 $Y = AS(r)$,该式被称为实物总供给曲线。这里,假设价格是具有弹性的,作为标准的 IS - LM 分析理论的扩张,考察如下的均衡条件。

$$Y = C(Y) + I(r) + \overline{G} \tag{8.1}$$

---

① 严格地说,可以运用拉格朗日函数求解。可是,这里如果 $(\hat{c}_1, \hat{c}_2, \hat{l}_1, \hat{l}_2)$ 是上述问题的解的话,那么 $(\hat{l}_1, \hat{l}_2)$ 就应该是下列问题的解。

$$\text{maximize} \log \hat{c}_1 + \frac{1}{1+\rho} \log \hat{c}_2 + \frac{a}{1+\rho} \{\log(l-l_1) + \log(1-l_2)\}$$

subject to

$$\hat{c}_1 + \frac{1}{1+r} \hat{c}_2 = w_1 l_1 + \frac{1}{1+r} w_2 l_2, 0 < l_t < 1 (t = 1, 2)$$

② 在微观经济学中,众所周知,可以推导边际替代率和预算约束式斜率的均等关系。

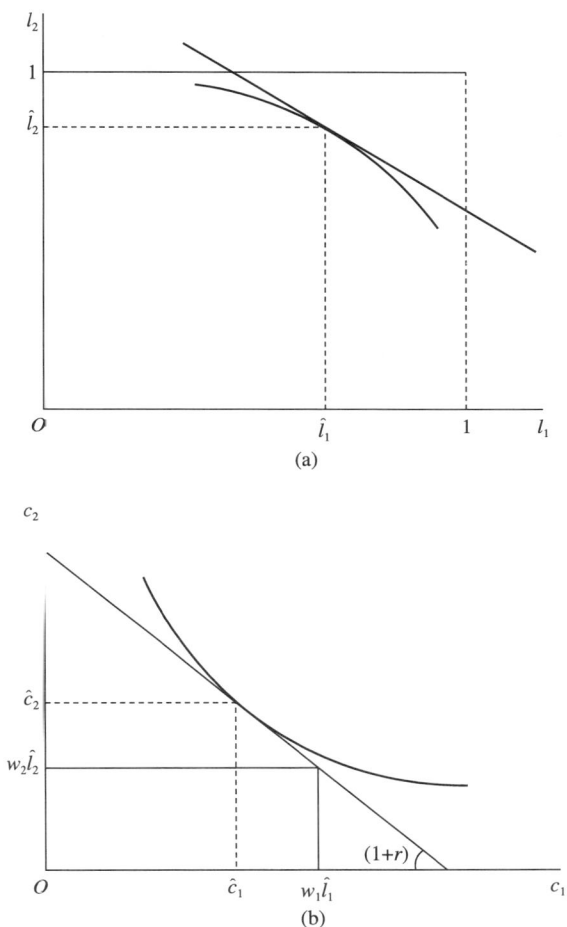

图 8-10　劳动供给的跨期替代性

$$\frac{\overline{M}}{\overline{P}} = kY + L_2(r) = L(Y, r) \tag{8.2}$$

$$Y = AS(r) \tag{8.3}$$

以下，$IS(\overline{G})$ 称为实物总需求曲线。在图 8-12 中，实物总需求曲线 $IS(\overline{G})$ 和实物总供给曲线 $Y = AS(r)$ 的交点决定了均衡点，进一步地，物价弹性变动，在 $\hat{P}$ 达到经济的整体均衡。现在，假设实物性方面的扩张性财政政策被实施，其结果是新的均衡移至 $IS(\overline{G})$ 和实物总供给曲线的交点，而且物价被价格弹性调整，上升至 $\overline{P}$，

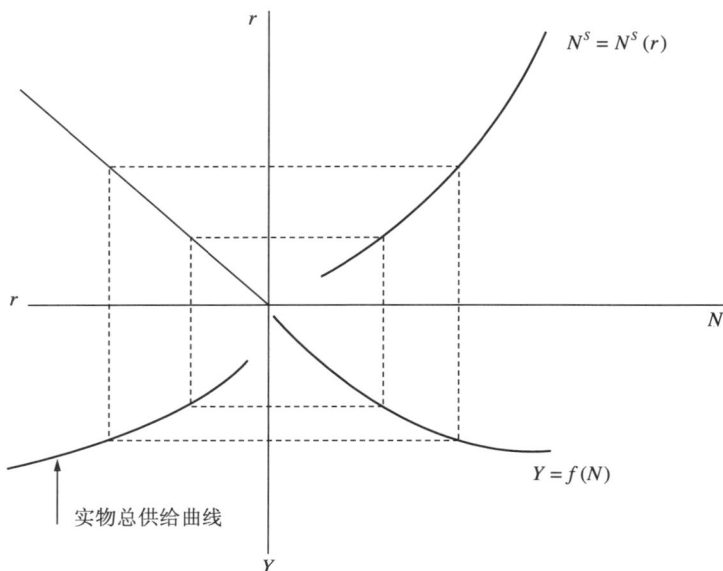

图 8-11 实物总供给曲线的推导

LM 曲线发生移动直至经过该点。最终,国民收入增加,利率上升。
与此相反,名义货币供给量增加等扩张性金融政策被实施时,由于
价格的弹性调整,物价立刻上升,*LM* 曲线发生移动,经济返回原来
的位置。所以,短期性的货币冲击不会带来经济变动成为实际经济
周期理论的主要主张。接下来,假设发生技术革新。这种情况下,由
于生产函数的变动,实物总供给曲线向右上方移动。而且,伴随着
这种变化,投资需求被刺激。其结果正如图 8-12 中所示实现新的
均衡,国民收入有所增加。所以,如果接受了 RBC 理论,就可以理解
短期性的技术革新或扩张性财政政策可以引起经济变动这一
结果。

8.3.2 关于名义值调整不完全性的讨论

第 1 节中,介绍了通货膨胀率的古典学派理论,同时指出预期
形成起到了重要的作用。在通常的预期形成的情况下,进行长期
的名义性调整是很有效的。而在合理预期的前提下,短期性的货
币冲击的影响将不再存在。另外,在前一节中已经明确,真实经济

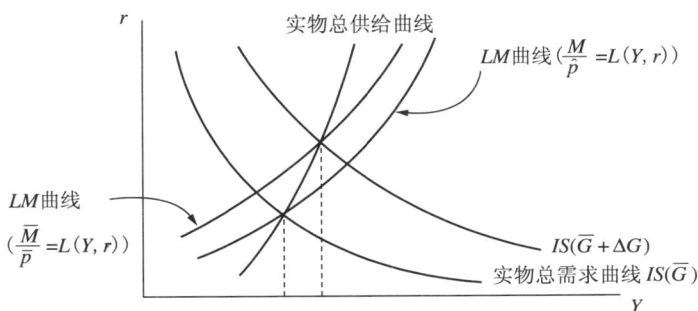

图 8-12 RBC 理论中的扩张性财政政策的效果

周期模型的框架下,货币性冲击即使在短期内也不会成为经济变动的要因。真实经济模型像合理预期模型那样把价格可伸缩性和货币的中立性置于基础,这样的研究统一被称为新古典经济学派①。与此相反,在凯恩斯学派模型中,以价格调整缓慢为依据,主张货币性冲击会带来短期、中期的经济变动。那么,究竟哪个是正确的呢?为了更准确地回答这个问题,有必要先从理论上明确名义价格和货币工资率究竟是刚性的还是完全弹性的。进一步地说,有必要通过微观基础理论明确争论的根据。

关于宏观水平上价格刚性的新古典学派理论

(1) 不完全信息和宏观水平上的价格刚性

正如前面所讨论的,经济主体对一般的物价水平只拥有不确定的信息,在这个前提下,主张短期名义性调整的不完全性。合理预期形成存在的情况下,凯恩斯学派所主张的名义价格刚性不再发生,为反论凯恩斯学派提供了基础。另外,他们主张政府本欲通过宏观经济政策使经济的诸多关系发生变化,最终却因为预期的变化,各关系自身发生变化而最终失去意义。这被称为卢卡斯批判(Lucas critique)。

(2) 微观水平上的价格刚性依据

(a) 总需求外部性(aggregate demand externality)的存在

在不完全竞争的条件下,微观水平上的价格意志决定带来了

---

① 必须注意,关于新古典经济学的范围,存在着种种不同的意见。

需求的外部性,最终为货币中立性理论的导入提供了依据。

(b) 以价格和工资的调整时点的制约为依据,主张名义调整的刚性。

新凯恩斯学派的理论

相对于上述理论,凯恩斯学派主张新古典学派的根据由于互补了现实体系,已经被回避,所以需要提供一些无法回避的理由。而且,受新古典学派经济学者的启发,以个人理性行动为前提,凯恩斯学派提出了微观水平的名义调整被宏观水平名义调整所反映这一观点,明示了以下两个理论:

(1) 菜单成本(menu cost)理论

(2) 协调失败理论

在此举例对(1)进行一些简单的说明。现在,我们来探讨一下不完全竞争下某个连锁店的餐厅一齐调低菜单价格的状况。由于这次降价,虽然幅度很小但是物价水平下降,LM 曲线向右上方移动。其结果是,国民收入增加,相应地对所有产品的需求也增加。这被称为总需求外部性(aggregate demand externality)。因此,降价对连锁店的每个企业来说是有利的,也是社会其他成员(其他企业和家庭)所期望的。可是因为降价,菜单印刷等调整会有费用发生,即产生了菜单成本。菜单成本同各个企业的利益相比比较高的时候,由于总需求外部性,即使对每个企业、社会都有利,企业也不会对价格进行调整,所以由于微观水平价格(降价)的意志决定,产生了名义价格的刚性[①]。关于(2),在复数均衡发生的框架下,作为协调失败的结果可以说明名义价格的刚性[②]。

8.4 实质工资率的刚性和效率工资假说

以上章节,以名义性调整的刚性为中心展开了讨论。本节,考

[①] 可以参考,O. J. Blanchard and N. Kiyotaki, "Monopolistic Competition and the Effects of Aggregate Demand," *American Economic Review*, 77, 1987。

[②] 一般地,为了得到复数的对称性纳什均衡,需要战略性的互补关系。关于这些的讨论,重要的论文有 R. Cooper and A. John, "Cordinationg Cordination Failures in Keynsian Models," *Quarterly Journal of Economics*, 103, 1988。

察实质工资率的刚性和雇佣问题。众所周知,在诸多发达国家中,以大企业为中心支付给雇用者的实质工资率维持在较高的水平,而且较为平稳。为了说明这个问题,在下面,提出几个假说。

(1)如果企业降低工资,任何一个企业都提供合同的优秀职员会跳槽,而那些相对不是很优秀的人留下来,即逆向选择(adverse selection)现象很有可能会发生。为了避免这样的情况,实际工资将一直持续在高水平上。

(2)因为监察需要很高的成本,所以可以假设工作人员在无法监视的状况下工作。工资相对较低时,伴随着工作员工的懈怠而发生的解雇损害比较小,所以可能会发生怠慢工作这种道德风险(moral hazard)。当向员工保证了较高的工资时,如果跳槽到其他企业工资相对较低,所以由解雇带来的弊端较大。因此,为了避免怠慢工作这种道德风险的发生,员工的实质工资将高扬不止。

以上不论哪种情况,工资率都将停留在比较高的水平上,因此,劳动市场没有被工资所影响,雇用量较为平稳。为了进一步说明与实质工资率和雇佣量刚性相关的根据,本节下面将介绍一个基于效率工资率假说(efficiency wage hypothesis)的模型:该假说指出因为企业支付了较高的工资,劳动者的效率有所提高,也为企业带来了利益。

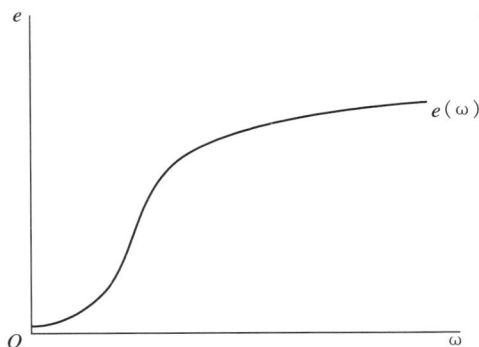

图 8 - 13　实际工资率(ω)和努力程度(e)的关系

模型的前提
进行如下的假设。

（1）经济中存在着相同类型的大量企业。每个企业以下列生产函数进行生产。

$$y = f(eL), f'(\cdot) > 0, f''(\cdot) < 0$$

这里，e 表示劳动者的努力程度，L 表示劳动雇用量。

（2）劳动者的努力程度 e 依存于工资率 w，以 $e = e(w)$ 表示。对应于该函数的曲线如图 8-13 所示。

代表企业的行动

在上述假说下，代表企业调整雇用量和工资率以使利润最大化。

$$\pi = f[e(\omega)L] - \omega L$$

现在，假设利润最大时的雇佣量和工资率为 $\hat{\omega} > 0, 0 < \hat{L} < \overline{L}$，那么 1 阶条件由下式给出[①]。

$$f'[e(\hat{\omega})\hat{L}]e(\hat{\omega}) = \hat{\omega}$$

$$f'[e(\hat{\omega})\hat{L}]e'(\hat{\omega}) = 1$$

因此，以下式子成立。

$$e'(\hat{\omega}) = \frac{e(\hat{\omega})}{\hat{\omega}}$$

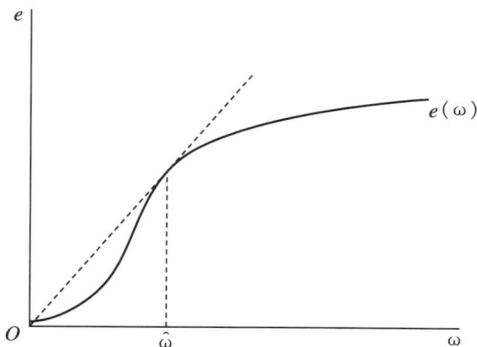

图 8-14 效率工资率假说和刚性工资率的决定

上式是保证雇用效率性的条件，满足该条件式的工资率被称

---

① 这里，假设二阶微分条件成立。

为效率工资。对此,可以参考图 8-14。效率工资不受劳动市场状况影响被唯一确定,即效率工资是刚性的[1]。除此之外的分析(实际工资率和雇佣量的刚性),可以考虑以下两点。

(1) 如果存在明确的或无须声明的长期性契约,企业不能随意降低工资。将这样的交涉和契约作为基础的理论称为契约模型(contract model)。尤其是劳动市场状况受到工会影响的条件下,(由已就业的内部人员和可能被雇用的外部人员构成)内部人—外部人模型比较有意思。

(2) 也有人提出这样的假说:由于最低工资法的存在,劳动市场不可能以低工资率到达均衡,所以产生了工资率的下方刚性。卢卡斯指出,政府希望通过政策改变经济活动的诸多关系,其结果却是伴随着预期的变化,最终导致政策无效。该主张被称为卢卡斯批判(Lucas critique)[2]。

8.5 关于宏观经济政策的争议

8.5.1 安定化政策的相关讨论

在不确定的状况下,正如在第 6 章以及前面一节所分析的那样,关于宏观政策的讨论,主要存在两种主张:一种是应该积极地参与,一种是什么也不做顺其自然。通常,在中短期,调整经济变动的政策被称为安定化政策。这里,为了积极地实施政策,简单地说明一下将会遭遇的问题。与政策的立案、执行相关的问题主要有以下几点。

(a) 在执行安定化政策时,存在两个滞后(内部滞后和外部滞后)。内部滞后是指对经济性冲击的认识和政策执行之间的滞后,

---

① 作为这些论述的补充论文,可以参考与 Shapiro=斯蒂格利茨模型相关的一系列文章。在该模型中,如果监察不完全,劳动市场均衡由(为了促使劳动者更加努力,表示企业必须支付的工资和雇佣水平之间关系的条件)非怠慢条件(no-shirking condition)和劳动需求曲线所决定。可以参考代表性的文献,C. Shapiro and J. E. Stiglitz, "Equilibrium Unemployment as a Worker Discipline Device," *American Economic Review*, 74, 1984。

② 可以参考,R. E. Lucas, Jr., "Econometric Policy Evaluation: A Critique," Carnegie—Rochester Conference on Public Policy, North-Holland, 1976。

外部滞后是指政策执行后和其效果之间的滞后。必须正确地把握这样的滞后,可是正如日本泡沫经济后政策实施中所认识到的那样,这很困难。

(b) 存在着现状分析和经济预测的困难性。的确,基于经济状态动向指数的短期经济预测,基于宏观计量经济模型的长期经济预测也经常进行,可是并不够。

(c) 关于人们的预期如何受到政策变化的影响的分析是政策执行时不可欠缺的,可是对此,在以往的政策讨论中却没有得到重视。

8.5.2 宏观经济政策的决定方法(判断性政策和固定规则)

在政策分析中,会讨论最终目标及其政策手段、中间目标和伴随政策调整有可能发生的问题。关于政策执行,以往就存在基于判断的策略方法和设定规则的策略方法之间的讨论。首先来讨论一下这个问题。

一般地,判断性政策具有弹性,所以与固定的规则相比看起来有优势,可是由于以下几个理由,比起判断性政策,固定规则具有一定的优点。

(a) 基于判断的情况下,政策立案、执行时官僚和政治家的利害会介入其中,政策有可能被扭曲[1]。

(b) 执行判断性政策的时候,可以假设政府当局提前发表政策。此时,民间的经济主体形成对它的预期,但是政府当局却不执行已发行的政策而进行一定的变更,从而对应民间经济主体期待的动机。这样事情一旦发生,民间的经济主体将不再信任政府的发表,政策效果也从而失效[2]。因此,判断性政策的情况下,时间的非整合性问题(time inconsistency)有可能发生。

———————

① 与政治竞选活动相关联的分析,可以参考 G. M. Grossman and E. Helpman, *Special Interest Politics*, MIT Press, 2001。另外,正如在美国经济中所观察到的那样,可能存在政治性景气循环政治的景气循環(political business cycle)。

② 信赖性假说指出,民间经济主体对政府当局的信任度的不同将导致政策效果的不同。

判断性政策模型

这里,使用简单的模型来考察伴随判断性政策的时间非整合性问题。伴随预期的菲利普斯曲线由下式给出。

$$\pi - \pi^e = -a(u - u_N)$$

政策立案者的社会性费用函数如下定义。

$$L = (1/2)u^2 + (1/2)b\pi^2$$

这里,b 表示考虑了通货膨胀的权重(Weight)。由这个式子,可以明白在伴随预期的菲利普斯曲线的前提下,政策立案者为了使关于失业率和通货膨胀率的社会成本最小化而采取行动。因此,π^e 已知的情况下,考虑最小化 π。

$$L = (1/2)[a^{-1}(\pi^e - \pi) + u_N]^2 + (1/2)b\pi^2$$

假设 $\hat{\pi}$ 为上述最小化问题的解,此时下式给出了 1 阶条件。

$$-[a^{-1}(\pi^e - \hat{\pi}) + u_N]a^{-1} + b\hat{\pi} = 0$$

可以视这个式子为政府对已知 π^e 的反应函数。在此可以假设民间经济主体的预期通货膨胀率为 π_1^e,正如图 8 - 15 所示,对政府来说,存在着选择更高通货膨胀率的动机,进一步地民间经济主体的期待也随之发生变化。这样的调整发生后,到达的长期均衡(预期通货膨胀率和政府的通货膨胀率一致)如果是 $\hat{\pi} = \pi^e$ 的话,可以如下求出。

$$\hat{\pi} = \frac{1}{a^2 b + 1}\pi^e + \frac{a}{a^2 b + 1}u_N$$

第三者机关如下调整通货膨胀率。

$$\hat{\pi} = \pi^e = \frac{1}{ab}u_N > 0$$

因此,基于政府当局判断的结果,通货膨胀率有升高趋势,与此相关联,将产生时间的非整合性。

委任和时间非整合性的缓和

作为回避时间非整合性问题的方法,有几个策略可以考虑。这里,简单介绍一下委任的问题。在适当地将决定委托给第三者机关时,情况显示通货膨胀率的升高出现缓和。现在,假设存在一个更加重视通货膨胀率的第三者机关,即 $b < b'$。此时,第三者机关的成本函数如下式所示

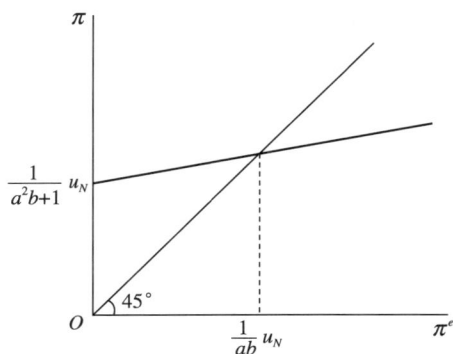

图 8 - 15　政府反应函数和长期均衡

$$L = (1/2)u^2 + (1/2)b'\pi^2$$

反应函数如下：

$$\hat{\pi} = \frac{1}{a^2 b' + 1}\pi^e + \frac{a}{a^2 b' + 1}u_N$$

于是第三者机关调整的通货膨胀率由下式给出。

$$\hat{\pi} = \pi^e = \frac{1}{ab}u_N > 0$$

因此,由于将政策制定委托给了对通货膨胀率更加关注的第三者机关,通货膨胀率下降,其结果是削减了社会性成本,使得社会福利增加。

政策准则

根据以上的讨论,也存在着其他达到最终目标的方法:可以尝试不评判政策的执行,而是设定和中间目标相关的拘束力。只是,设定准则的情况下,民间经济主体对政府的信任度也是很重要的。作为金融政策的准则,由弗里德曼提出的货币供给准则很有名。作为财政政策的例子,我们会立刻想到均衡预算规则,可是正如之前所阐明的,这有可能会弱化缓和经济变动、即自动安定装置的功能。

第 8 章总结

1. 菲利普斯(A. W. Philips) 在 1958 年的论文中通过实证分析指出:失业率高(低)的时候,货币工资率的增长率低(高),即失业率和货币工资率之间存在二率背反关系。并将此发现命名为菲利普斯曲线。

2. 新古典学派和新凯恩斯学派在理论、政策上的对立,继承了凯恩斯学派和古典学派的对立。

3. 如果把预期通货膨胀率 π^e 加入模型中,附加通胀预期的菲利普斯曲线由下式表示。

$$\pi = \pi^e - a(u - u_N)$$

4. 由奥昆法则和物价版菲利普斯曲线,可以导出下列关系。

$$\pi - \pi^e = -a(u - u_N) = ab(Y - Y_f)$$

即,

$$\pi = \pi^e + ab(Y - Y_f)$$

将上式所示的 Y 和 π 的关系描述在 (Y, π) 平面上所得到的曲线被称为通货膨胀供给曲线。

5. 由总需求理论,可以导出下式。

$$Y_t = \hat{Y}_{t-1} + \alpha(m' - \pi_t) \cdots\cdots D_t$$

将上式所示的 Y 和 π 的关系描述在 $(Y、\pi)$ 平面上所得到的曲线被称为 t 期的通货膨胀需求曲线。

6. 在到达长期均衡点的过程中,国民收入减少,通货膨胀率升高,即所谓的滞胀现象可能发生。而且,国民收入减少、通货紧缩的现象也可能发生。

7. 预期形成 $\pi_t^e = $ 货币增加率(m) 成立时,完全没有必要进行长期调整,经济可以立刻到达长期均衡状态。$\pi_t^e = $ 货币增加率(m) 这种预期形成被称为合理预期(rational expectation)。

8. 劳动供给对利率变化的反应被称为劳动供给的跨期替代性(intertemporal substitution)

9. 以 RBC 为理论基础,可以导出利率和产出量之间的关系。这个关系可以表示成 $Y = AS(r)$。这被称为实物总供给曲线。

10. 名义货币供给量增加这样的扩张性金融政策被实施时,由于价格的弹性调整物价立刻上升,*LM* 曲线发生移动,经济返回到原来的位置。因此,实际经济周期理论主张即使发生短期性的货币冲击,经济也不会发生变化。

11. 实质工资率停留在比较高的水平所导致的结果是,劳动市场完全不受工资的影响,雇用量比较稳定。为了说明实质工资率和雇佣的刚性的根据,本章介绍了基于效率工资的假说(efficiency wage hypothesis)。

12. 判断性政策中的政策制定可能伴随发生时间不整合的问题,即时间非整合性问题(time inconsistency)。

13. 为了避免时间非整合性问题的发生,几个方针策略可供参考,本章简单介绍了一下委任问题。

第9章 宏观经济学的微观基础

前面的各章节里,我们都是在给定一些基本函数(消费函数,投资函数,流动性)的性质这一前提下,对宏观经济模型进行讨论的。在本章中,我们将会这些基本函数的性质进行详细说明。

9.1 消费函数

9.1.1 凯恩斯消费函数

首先,我们来考察消费函数。在本书的第 3 章,我们对消费函数作了如下的假设:

(1)消费的主要构成是可支配收入。即,消费 C 是可支配收入 Y_d 的函数,记为 $C=C(Y_d)$。

(2)边际消费倾向为 0 与 1 之间的值。即,对于任意的 Y_d,存在

$$0<\frac{\mathrm{d}C(Y_d)}{\mathrm{d}Y_d}<1$$

(3)随着可支配收入的增加,平均消费倾向逐渐减少。即,对于任意的 Y_d,存在

$$\frac{\mathrm{d}}{\mathrm{d}Y_d}\left(\frac{C(Y_d)}{Y_d}\right)<0$$

此外,为了简化模型,我们在直接使用了下面的线性消费函数。

$$C=cY_d+C_0$$

上式中的 C_0 被称为基础消费。下面,我们假设 $Y_d = Y$,在此前提下,对消费函数展开讨论。

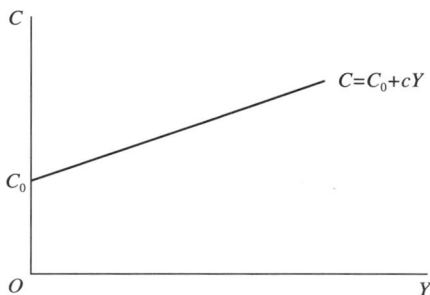

图 9‑1　线性消费函数

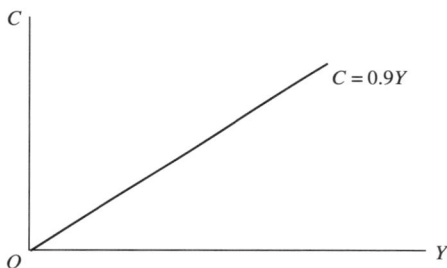

图 9‑2　线性消费函数(边际消费倾向为 0.9)

在 20 世纪 40 年代,人们在如上图所示的标准的消费函数的基础上,通过实证的方法,验证了消费和收入的关系。库兹涅茨使用 1869 年至 1938 年的数据,得出了消费倾向的近似值(参考图 9‑2)。实证结果表明,在长时期中,平均消费倾向是一个定值。此后,如何将库兹涅茨的实证结果与上述的凯恩斯消费函数的理论统一起来,成为了一个新的问题。20 世纪 50 年代,针对这一问题,许多经济学家提出了若干假说。本节将着重介绍以下两个假说[1]。

———————

[1]　将重点介绍生命周期假说和持久收入假说。关于生命周期假说,可以参考,A. Ando and F. Modiglinani, "The 'Life Cycle' Hypothesis of Saving: Aggregate Implications and Tests," *American Economic Review*, 1963。关于持久收入假说,可以参考 M. Friedman, A Theory of Consumption Function, *Princeton University*, 1985(宫川公男・今井贤一翻译《消费的理论》,严松堂, 1961 年)。

（1）生命周期假说

（2）持久收入假说

（1）生命周期假说

蒙迪利安尼（F. modigliani）与安藤（A. Ando），布伦贝格共同提出了从家庭成员生命周期的角度来解释消费与收入关系的生命周期假说。下面，我们将会通过一个简单的模型来了解这一假说。为了简化模型，我们在这里忽略利率。

首先，我们对符号进行定义。

t＝现在时点，N＝退休时点，T＝寿命，y^e＝家庭成员的平均年收入，a＝现在的资产，c＝家庭成员的年平均消费。

则下面的关系式成立。

$$(N-t)y^e+a=(T-t)c$$

所以可以得到

$$c=\frac{1}{T-t}a+\frac{(N-t)}{(T-t)}y^e$$

通过此式，我们可以推导出整个国民经济的消费函数如下

$$C=c_0A+c_1Y$$

这里的 C,Y,A 分别代表的是整个国民经济中的消费，国民收入和资产。根据上式，我们可以得到平均消费倾向

$$\frac{C}{Y}=c_0\frac{A}{Y}+c_1$$

根据上式，生命周期假说认为，虽然短期内的资产可以看做是一定的，但长时期内，整个国民经济的资产是与国民收入成比例增长的，所以长时期内的平均消费倾向是一定的。而生命周期假说也因此为库兹奈茨的实证结果提供了理论依据。

（2）持久收入假说

1957 年，弗里德曼（M. Friedman）提出，消费主要取决于持久收入，这就是所谓的持久收入假说（permanent income hypothesis）。以下，我们来简单介绍一下这个假说。在持久收入假说中，收入是由持久收入（不会轻易变动的收入）和浮动收入（经常变动的收入）两部分构成，我们用以下的符号来表示：

$$Y^p＝持久收入，Y^T＝浮动收入，C＝消费$$

由收入的定义可以得到下面的关系式。

$$Y = Y^p + Y^T$$

在持久收入假说中,消费是由持久收入决定的,因此可以假设消费与持久收入之间存在比例关系,即

$$C = aY^p$$

根据上述关系,我们可以得到如下的式子。

$$\frac{C}{Y} = \frac{aY^p}{Y} = \frac{a}{1 + Y^T/Y^p}$$

另外,持久收入假说认为,持久收入在短期内不会产生变化,浮动收入则会随着经济的繁荣而增加,随着经济的萧条而减少。所以,在短期内,当经济繁荣时,Y^T 增加,平均消费倾向减少;当经济萧条时,Y^T 减少,平均消费倾向增加。在长时期内,Y^T 可以看作为 0,平均消费倾向是一个定值。因此,根据持久收入假说,库兹奈茨的实证结果也得到了合理的解释。

9.2 投资函数

在上一节中,我们对消费进行了更加深入的探讨。而在宏观经济模型中,投资与消费占有同样重要的地位。就如我们在第一章中所说,所谓投资,指的是资本的形成。当然,这里的投资不仅指的是资金的投入,像企业购买设备的行为,由于形成了资本,也被包含在投资的范畴内。而购买住宅等不动产的行为则被视为对不动产的投资。此外,值得注意的是,库存的增加也意味着对库存的投资。下一节我们将着重考察资本的形成。

9.3 投资函数的推导(1):资本的边际效率和投资函数

现值

在第三章中,我们曾提到,在短期内,投资主要取决于利率的高低。本节我们将通过研究投资者的投资行为,来导出表示利率和投资之间关系的**投资函数**。在接下来的说明里,我们将会接触到**资本的边际效率**这一概念。所谓资本的边际效率,指的是投资

对利率的依存度。为了明确这一概念,我们必须先来说明什么是**现值**。首先,假定固定利率为 r_0,我们将在此基础上来考察现值的意义。

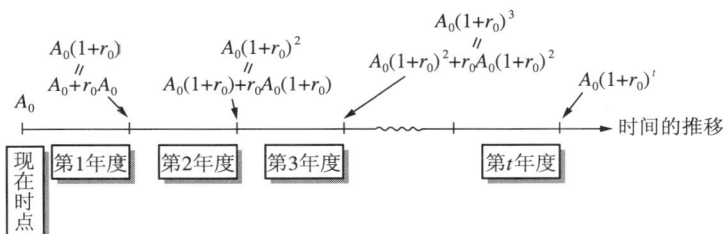

图 9－3　固定利率为 r_0 时的复利计算

假定在当前的时间点,我们向银行里存入了 A_0 元的存款,年利率为 r_0。当第一年结束时,我们的存款额将为本金 A_0 加利息 $A_0 r_0$,即,本利合计额如下所示:

$$A_0 + A_0 \times r_0 = A_0(1 + r_0) \tag{9.1}$$

在第二年年末,存款额为第二年初的本金加上第二年的利息 $A_0 r_0$ $(1 + r_0)$。第二年年末的本利合计为:

$$A_0(1 + r_0) + r_0 A_0(1 + r_0) = A_0(1 + r_0)^2 \tag{9.2}$$

同样的,在第三年年末,本利合计为 $A(1 + r_0)^3$,第 t 年年末的本利合计为 $A_0(1 + r_0)^t$。

在上面讨论的基础上,我们来考察当利率为 r_0 时的现值问题(参考图 9－4)。假设第一年年末,我们的本利合计将会为 B_1,而所谓 B_1 的现值指的是,当第一年年末的本利合计为 B_1 时,第一年年初(或者说当前)的存款额。也就是说,假设此存款额为 x_1,则存在

$$x_1(1 + r_0) = B_1 \tag{9.3}$$

即,

$$x_1 = \frac{B_1}{(1 + r_0)} \tag{9.4}$$

而这个 x_1,就是利率为 r_0 时 B_1 的现值。同样的,第二年年末的本利合计额 B_2 的现值,指的是当利率为 r_0 时,使两年之后的本利合计额为的第一年年初(当前)存款额。因此,这个现值为 $B_2/(1 +$

$r_0)^2$。

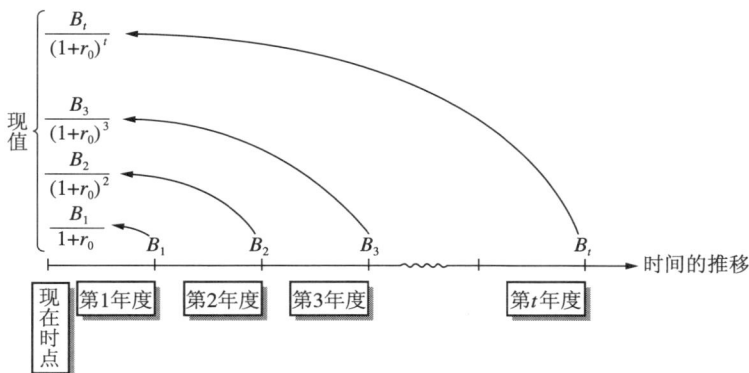

图 9 - 4　固定利率为 r_0 时的现值

　　根据上面的论述,我们可以求出第 t 年年末的本利合计额 B_t 的现值,即使存入 t 年之后的本利合计为 B_t 的当前存款额。我们用 x_t 表示这个存款额,则有

$$x_t(1+r_0)^t = B_t \tag{9.5}$$

即,

$$x_t = \frac{B_t}{(1+r_0)^t} \tag{9.6}$$

以上,我们使用了利率这一熟悉的概念来说明现值问题。此外,通过给定一个贴现率来定义现值的做法也是很常见的。

9.3.1　收益率和资本的边际效率

　　在本小节中,我们将来考察投资项目的收益率。如图 9 - 5 所示,给定投资项目 (A, B, C),投资额 (I_A, I_B, I_C) 以及投资者的预期收益的流量 $[(R_t^A)(R_t^E)(R_t^C)]$ 等数据。这里的 R_t^A,指的是投资者将在第 t 年的年末从投资项目 A 获得的预期净收益,I_A 指的是投资者在第一年年初(或者说最初的时间点)的投资额。另外,假设投资项目 A 的使用期限为 n_A,则 $R_{n_A}^A$ 为使用期限的最终年年末的预期收益与残余价值的合计。R_t^B,I_B,n_B 与 R_t^C,I_C,n_C 也如上解释。

　　假设 $I_A = I_B$,$n_A = n_B$。预期收益的流量如图 9 - 6(a)所示,此时,投资项目 B 的收益率高于投资项目 A。然而,在图 9 - 6(b)表示的情况中，我们却无法简单地区分 A 与 B 的收益率孰高孰低。另外，不同的投资项目之间投资额不同，使用期限也不尽相同，因此，在大多数情况下，直接比较不同的投资项目的优劣是不可能的。

如果能用数字化的指标确切地表示各投资项目的收益率，那么可以将此指标作为评价投资项目的依据。通常，我们采用资本的边际效率这一指标来衡量投资项目的收益率高低，资本的边际效率可以通过计算内部收益率的方法来得出。

投资对象	投资额	耐用年数	预想收益
A	I_A	n_A	$R_1^A, R_2^A, \cdots\cdots\cdots\cdots R_{n_A}^A$
B	I_B	n_B	$R_1^B, R_2^B, \cdots\cdots\cdots\cdots R_{n_B}^B$
C	I_C	n_C	$R_1^C, R_2^C, \cdots\cdots\cdots\cdots R_{n_C}^C$

图 9-5　投资项目的假设案例

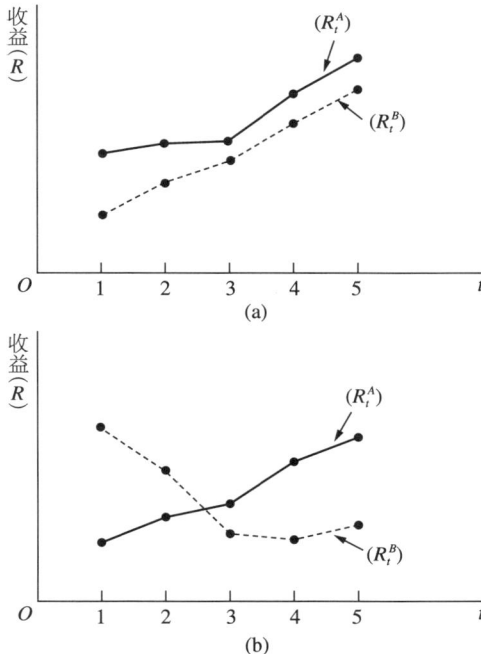

(a)

(b)

图 9-6　预期收益流量的比较

假设投资项目 $X(X=A,B,C)$ 的投资额为 I_X,使用期限为 n_X,预期收益的流量为 R_t^X,则满足下面关系式

$$I_X = \frac{R_1^X}{1+i} + \frac{R_2^X}{(1+i)^2} + \frac{R_3^X}{(1+i)^3} + \cdots + \frac{R_{n_x}^X}{(1+i)^{n_x}} \tag{9.7}$$

的 i,即,使各年度收益的现值的总和等于投资额 I_x 的 i 被称为投资项目 X 的资本边际效率或预期收益率。我们用 i_x 表示投资项目 X 的资本边际效率。例如,假设(使用期限)$n_x=1$,(预期净收益)$R_1^X=105$ 万日元,(投资额)$I_X=100$ 万日元,则存在

$$100(万日元) = \frac{105(万日元)}{1+i_x} \tag{9.8}$$

因此,投资项目 X 的资本边际效率 i_x 为 0.05。

接下来,我们来考察用资本的边际效率这一指标来表示投资项目的收益率是否准确。假设 $I_A=I_B$,$n_A=n_B$ 同时假设

$$R_t^A > R_t^B \quad (t=1,2,\cdots,n_A) \tag{9.9}$$

在这种情况下,很容易就可以判断投资项目 A 的收益率高于投资项目 B。根据上述的内部收益率法,由于(9.7)式中等号左边的投资额相同,可以得到资本的边际效率 $i_A > i_B$。在 $n_A=n_B$,$R_t^A = R_t^B (t=1,2\cdots,n_A)$,$I_A > I_B$ 的情况下,由于投资项目 A 的成本高于投资项目 B,因此可以知道项目 A 的收益率低于项目 B。根据(9.7)式,我们也可以得出,当 $I_A > I_B$ 时,$i_A < i_B$。通过上面的验证,我们可以知道,用资本的边际效率作为衡量投资项目的指标是合适的。

假设投资者基于以下的标准来决定投资行为。

(1)当(投资项目 X 的资本的边际效率)$i_x \geqslant r$(利率)时,该投资者对此项目 X 进行投资。

(2)当 $i_x < r$ 时,该投资者不会对此项目进行投资。

在这里,为了方便表述,我们把 $i_x = r$ 放入第一种情况,放入第二种情况也不会对讨论产生影响。

接下来,我们从另一个角度来考察投资项目收益率的问题。假设利率为 r,该项目的预期收益的现值如下所示

$$V_X = \frac{R_1^X}{1+r} + \frac{R_2^X}{(1+r)^2} + \frac{R_3^X}{(1+r)^3} + \cdots + \frac{R_{n_x}^x}{(1+r)^{n_x}} \tag{9.10}$$

投资者可以通过下面的标准来决定投资行为。

（1）当 $V_x \geq I_x$ 时，对该项目投资。

（2）当 $V_x < I_x$ 时，不对该项目投资。

这种判断方法被称为贴现现值法。

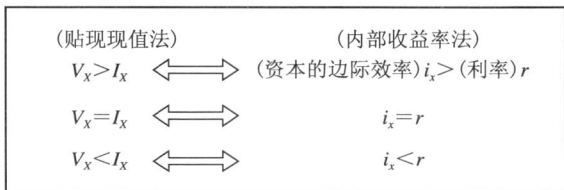

（耐用年数）$n_x = \infty$（无限大），（预期收益）$R_t^X = R_1^X = $ 一定（$t=1,2,\cdots$）

⇩ (if)

（贴现现值法）　　　　　　　（内部收益率法）

$V_x > I_x$ ⟺ （资本的边际效率）$i_x >$（利率）r

$V_x = I_x$ ⟺ $i_x = r$

$V_x < I_x$ ⟺ $i_x < r$

图 9-7　内部收益率法和贴现现值法的关系

当 $n_x = \infty, R_t^X = R_2^X$ 且为定值的条件下，内部收益率法和贴现现值存在如下关系[1]（参考图 9-7）。

（1）当且仅当 $V_x > I_x$ 时，$i_x > r$。

（2）当且仅当 $V_x = I_x$ 时，$i_x = r$。

（3）当且仅当 $V_x < I_x$ 时，$i_x < r$。

9.3.2　资本的边际效率表与投资函数

本小节，我们将会讨论如何从资本的边际效率表来导出投资函数。图 9-8(b)描述的是当图 9-8(a)的情况成立时，某投资者的资本边际效率表。假设投资者采取的投资标准与上小节一致，在纵轴表示利率 r，然后根据该投资者的资本边际效率表，可以表示出该投资者的投资函数。

---

① 当 $n_x = \infty, R_t^X = R_1^X$ 且为定值的条件下，下式成立。

$$I_x = \frac{R_1^X}{1+i_x} + \frac{R_1^X}{(1+i_x)^2} + \cdots$$

$$= \frac{R_1^X}{1+i_x} \left\{ \frac{1}{1 - \left(\frac{1}{1+i_x} \right)} \right\} = \frac{R_i^X}{i_x}$$

同时，可以得到下列关系式。

$$V_x = \frac{R_1^X}{r}$$

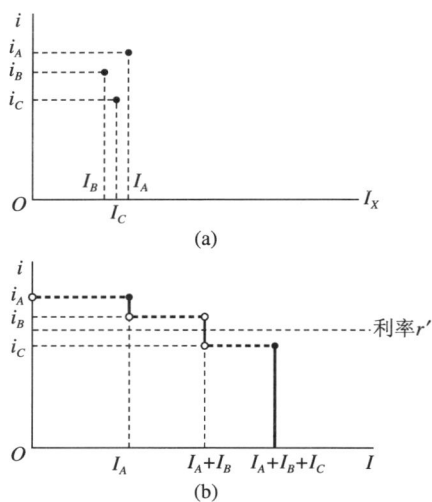

图 9 - 8　资本的边际效率

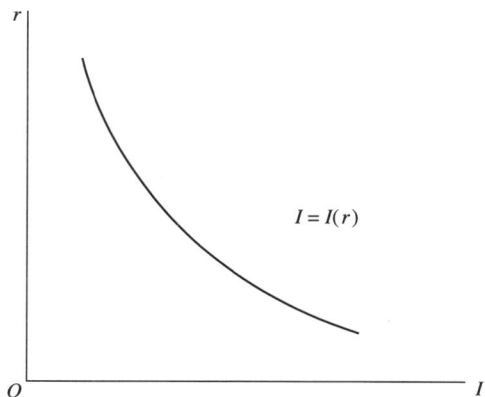

图 9 - 9　投资函数

在图 9 - 8(b) 中, 当利率为 r' 时, 该投资者的投资总额为 $I_A +$ I_B。在此基础上, 我们把国民经济中所有投资者的资本边际效率表在水平方向上进行叠加, 可以得到一条曲线, 该曲线被称为(国民经济总体)资本的边际效率表。由于投资项目都是独立存在的, 因此, 各投资者的资本边际效率表是阶梯状的线段。然而, 当存在许多的投资者和许多的投资项目集中在一个经济体中时, 由各投资者的资本边际效率表叠加而成的(国民经济总体)资本的边际效率表是如图9-9所示的一条右下的连续的曲线。通常,我们把这条曲线对应的函数 $I=I(r)$ 称为投资函数。

9.3.3 投资函数的推导(2)

(1)生产者的主体性均衡

在本小节中,我们将介绍新古典学派的投资函数理论[①]。假设生产者的生产函数为柯布-道格拉斯型生产函数。生产者的利润函数如下所示

$$\prod = PAK^{\alpha}L^{1-\alpha} - \{RK + WL\}$$

这里,$P=$产品价格,$R=$资本的租借利率,$W=$劳动工资率。根据利润最大化的一阶条件,下面的式子成立。

$$\frac{R}{P} = \alpha A \left(\frac{L}{K}\right)^{1-\alpha}$$

即,资本的实际租借利率与资本的边际生产率一致。

(2)资本出租企业的均衡

资本出租企业的资本的成本如下所示:

$$iP_k - \dot{P}_k + \delta P_k = P_k \left\{ i - \frac{\dot{P}_k}{P_k} + \delta \right\}$$

这里,$i=$名义利率,$P_k=1$单位资本的价格,$\delta=$资本损耗率,$\dot{P}_k=$资本价格的变化。

假设资本价格的变化率与通货膨胀率 π 相等,实际利率为 r,此时资本的成本可以表示为 $P_k(r+\delta)$。企业的利润率如下所示

$$\frac{R}{P} - \frac{P_k}{P}(r+\delta)$$

假定投资随着利润率的上升而增加,函数 $I=I(\cdot)$ 为利润率的增函数。则投资函数如下所示

$$I = I\left(MPK - \frac{P_k}{P}(r+\delta)\right)$$

---

① 新古典学派投资理论的推导,有一定的难度。具有数学基础的学生,可以参考罗默的《高级宏观经济学》;曼昆在《宏观经济学Ⅱ》里也对其进行了简洁的说明。本章主要归纳、介绍了曼昆的说明。

由上式可知,当利率 r 上升时,投资 I 减少。

9.3.4 投资函数的推导(3):托宾 q 理论与投资函数

本小节将简单地介绍托宾教授提出的 q 理论[①]。假定 $A=$ 企业的市场价值,$B=$ 公司的重置成本。托宾的 q 值如下所示

$$q=\frac{A}{B}$$

企业的市场价值指的是在金融市场收购该企业所需的费用,用股票市值加债务资本的市值来表示。分母的公司重置成本指的是,购买当前公司所有资产所需的费用。由此我们可以得出下面的结论:

(1)当 $q>1$ 时,$A>B$,即该企业的市场价值高于企业的重置成本。这说明该企业的盈利能力高于当前所拥有的资产的价格。因此,当企业购买新的资产时,意味着该资产所带来的收益高于资产的成本。因此,当 $q>1$ 时,企业会进行追加投资。

(2)当 $q<1$ 时,该企业的市场价值低于企业的重置成本。这时,与企业的盈利能力相比,企业资产相对过剩,企业不会进行投资。

9.3.5 库存投资与住宅投资

在第一章中曾提到,民间的投资主要由设备投资,住宅投资(或不动产投资)以及库存投资构成。其中库存投资是一个变动非常剧烈的项目,这主要与第一章中提到的"计划外投资"有关。因此,我们可以认为,库存投资是一项循环性的投资(当前年度的库存投资可以计入下个年度)。在日本经济泡沫破灭之后,土地价格持续下跌,对不动产的投资也一直低迷。而从长期来看,少子老龄化的人口构成对住宅投资的影响也是相当重要的。

[①] 可以参考 J. Tobin,"A General Equilibrium Approach to Monetary Theory," Journal of Money, Credit, and Banking 1,1969;F. Hayashi,"Tobin's Marginal q and Average q:A Neoclassical Approach,"*Econometrica*,50,1982。

9.4 货币需求与货币供应

9.4.1 交易性货币需求与鲍默尔-托宾模型

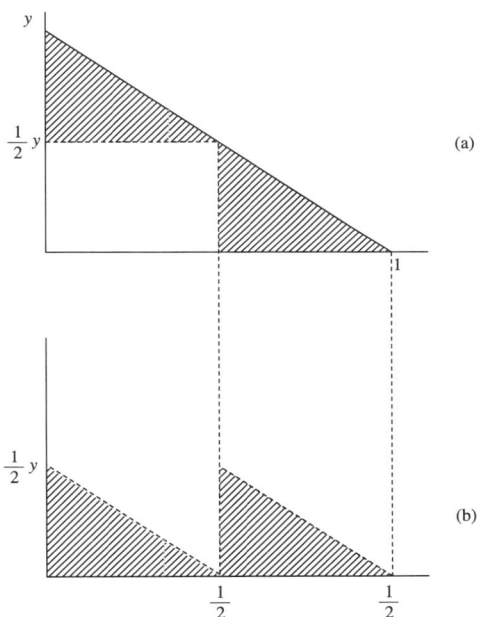

图 9-10 平均持有债券数额与平均存款额:交易次数为 2 的案例

本小节将介绍鲍默尔(W. Baumol)和托宾(J. Tobin)提出的关于货币需求的模型,来明确交易动机假说的理论依据。

在一个经济体中,企业或家庭成员为了满足日常的经济交易(或者说货币交易)的需要,必须要持有一定数额的现金或存款。在本小节,我们通过分析家庭成员的行为来考察货币的交易性需求。

假设某人在年初(或某期间的开始)向银行存入了 y 日元,并在这一年中(或在这期间)以一定的比率从银行取出存款用于消费,到年终时(在这期间的期末)将银行中的存款全部用于消费①。

另外,此人会在这一年中进行两次交易行为(参考图 9-10),

---

① 可以假设个人的消费函数为 $m=y(1-t)$。

例如,此人会在年初购买一定数额的债券,并在该年度的某时间点出售。比如,此人在年初购买了 $y/2$ 日元的债券,在该年度的 1/2 这一时间点上出售这些债券。然后,将获得的 $y/2$ 日元的现金存入银行,用于之后的消费①。在这种情况下,平均持有债券为 $y/4$(日元/每次),平均存款为 $y/4$(日元/每次)。

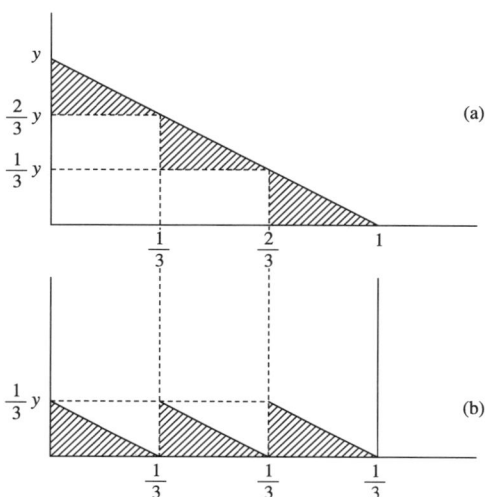

图 9 - 11　交易次数为 3 的案例

若此人一年中有三次交易行为(参考图 9 - 11),即,于年初购买 $(2/3)y$ 日元的债券,在该年度的 1/3 这一时间点上出售一半,即 $(1/3)y$ 日元的债券,在该年度的 2/3 这一时间点上出售剩下的一半债券,则平均存款额如下所示②:

$$\left(\frac{1}{2} \times \frac{y}{3} \times \frac{1}{3}\right) \times 3 = \frac{y}{6}$$

平均持有债券的数额为:

$$\frac{y}{2} - \frac{y}{6} = \frac{y}{3}$$

---

①　如果需要证明在实现最大交易时的平均持有债券的数额为 1/2,只要求出 $y(1-t)t$ 实现最大值时的 t 即可。对 $y(1-t)t$ 式中的 t 进行微分其结果为零时,t 为 1/2。

②　交易次数为 3 的时候,最佳交易时点为 1/3,2/3,其求解方法同交易次数为 2 的时候相同。

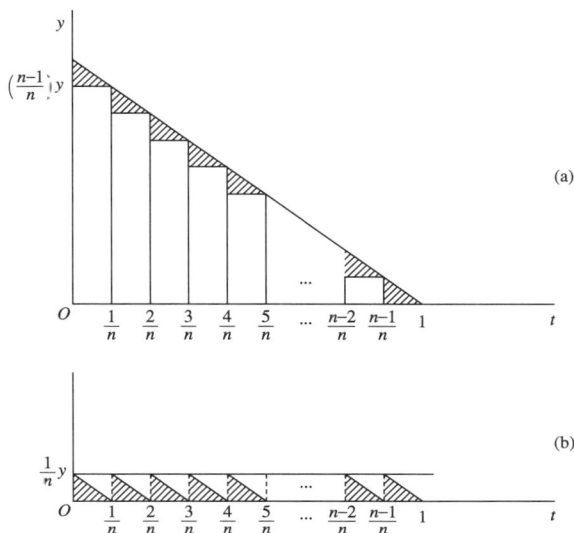

图 9 - 12　交易次数为 n 的案例

当交易次数为 n 时（参照图 9 - 12），平均存款额为：

$$\left(\frac{1}{2}\times\frac{y}{n}\times\frac{1}{n}\right)\times n=\frac{y}{2n}$$

平均持有债券的数额为：

$$\frac{y}{2}-\frac{y}{2n}=\frac{n-1}{2n}y$$

假设债券的利率为 i，每次交易的成本为 a，交易次数为 n 时，从债券投资中获得的利润如下所示（参考图 9 - 12）：

$$\pi(n)=\frac{n-1}{2n}iy-na$$

根据利润最大化的一阶条件，可以得到最佳交易次数 n^* 为（参考图 9 - 13）[①]：

$$n^*=\sqrt{\frac{iy}{2a}}$$

---

①　对上式的 n 进行微分，则得到下式。

$$\frac{d\pi(n)}{dn}=\frac{1}{2}n^{-2}iy-a$$

满足 $\frac{d\pi(n)}{dn}=0$ 的正数解为最优交易次数 n^*。这里忽视整数条件的制约。

由最佳交易次数 n^* 时可以得到货币的平均持有额为:

$$\frac{1}{2n^*}y=\sqrt{\frac{ya}{2i}}$$

根据上式可知,货币需求是由利率与收入决定的。

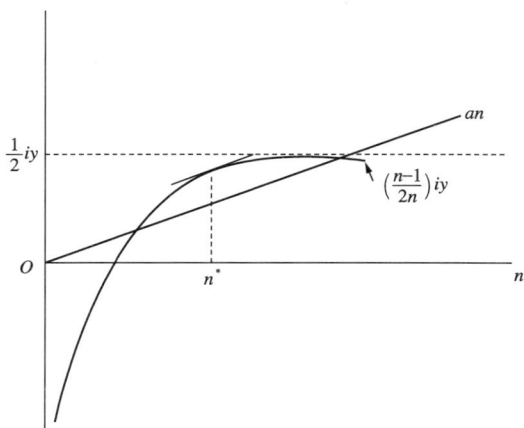

图 9 - 13　最佳交易次数的决定

9.5　货币供应

本节将会考察货币供应量(money supply)。将货币供应量记为 M,则 M 可以表示为:

$$M=现金通货(C_u)+存款(D_e)$$

通常,在中央银行的资产负债表中,负债栏里记入的现金发行量 (C_u) 与各金融机构在中央银行中的存款 (R)①,通常被称为高能货币。因此,将高能货币记为 H,H 可以表示为:

$$H=C_u+R \tag{9.12}$$

----

① 另外,存款货币的持有意味着放弃了购买债券可能获得的利益,因此可以从机会成本角度分析该问题。如果进行 n 次交易,货币的平均持有量则为 $(y/2n)$。所以交易次数为 n 时,包括机会成本和交易成本在内总成本如下所示。

$$C(n)=\frac{iy}{2n}+an$$

所以,满足上述费用函数最小化的解 n 为最优交易次数。

此外,将普通银行的现金存款比率表示为$\dfrac{C_u}{D_e}=c_u$,央行・本行存款比率表示为$\dfrac{R}{D_e}=\gamma$。可以得到以下的关系式:

$$C_u=\frac{C_u}{M}M=\frac{C_u}{C_u+D_e}M=\frac{c_u}{c_u+1}M \qquad (9.13)$$

$$R=\frac{R}{M}M=\frac{R}{C_u+D_e}M=\frac{\gamma}{c_u+1}M \qquad (9.14)$$

给定一个会计年度,上述的两个关系式在该年度恒成立。

用$\hat{c}_u/(\hat{c}_u+1)$表示民众拥有的通货中现金的比例,并假设这个比例在短期内是稳定的[1]。在这里,需要注意的是,在现实的经济生活中,随着信用卡,电子货币等支付方式的改变,$\hat{c}_u$呈现出逐渐减小的趋势[2]。而实证分析中的数据显示,货币供应量M_2+CD在短期是比较稳定的[3]。此外,央行・本行存款比率在一定程度上受法定准备金率的影响[4]。给定货币供应量M,这时民众所持通货中的现金货弊为:

$$\frac{\hat{c}_u}{\hat{c}_u+1}M \qquad (9.15)$$

所以,公众所持货弊中存款的比例为

$$1-\frac{\hat{c}_u}{\hat{c}_u+1}=\frac{1}{\hat{c}_u+1} \qquad (9.16)$$

此时,公众所持有的存款量为

$$\frac{1}{\hat{c}_u+1}M \qquad (9.17)$$

---

[1] 开展存款业务的银行包括商业银行,农林中央银行,商工组合中央银行以及信用金库。

[2] 多数的货币供给相关理论,都是按照多恩布什和费雪的《宏观经济学》的思路展开讨论的。本章也是参考多恩布什和费雪的《宏观经济学》进行货币供给的相关解说。

[3] 可以参考黑坂佳央・浜田宏一的《宏观经济学和日本经济》(日本评论社,1984年)第169页的图8.3。

[4] 可以参考黑坂佳央・浜田宏一的《宏观经济学和日本经济》(日本评论社,1984年)第170—171页,或者书中介绍的文献。

现在,假定央行·本行存款比率为$\hat{\gamma}$,此时央行存款额(普通银行在中央银行的存款)如下所示:

$$\hat{\gamma}\frac{1}{\hat{c}_u+1}M \qquad (9.18)$$

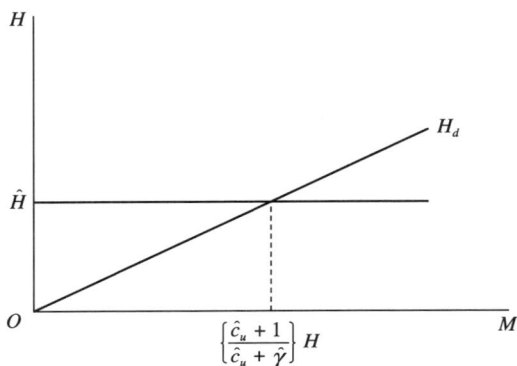

图 9 - 14　高能货币的需求与供给

如果用 H_d 来表示高能货币的需求量,可以得到以下的关系式:

$$H_d = \left(\frac{\hat{c}_u}{\hat{c}_u+1}\right)M + \left(\frac{\hat{\gamma}}{\hat{c}_u+1}\right)M$$

$$= \left(\frac{\hat{c}_u+\hat{\gamma}}{\hat{c}_u+1}\right)M \qquad (9.19)$$

假设高能货币供应量$\hat{H}$,则高能货币的供需均衡式如下所示,

$$\hat{H}=\left(\frac{\hat{c}_u+\hat{\gamma}}{\hat{c}_u+1}\right)M \qquad (9.20)$$

由此,可以得到以下的重要关系式

$$M=\left(\frac{\hat{c}_u+1}{\hat{c}_u+\hat{\gamma}}\right)\hat{H} \qquad (9.21)$$

由上述关系式可知,货币供应量 M 是由基础货币供应量$\hat{H}$,民众拥有的现金存款比率$\hat{c}_u$,以及普通银行的央行·本行存款比率共同决定的。因此,当$\hat{H}$ 与$\hat{c}_u$ 固定时,如果普通银行的央行·本

行存款比率上升(下降),货币供应量 M 也会随之减少(增加)。像这样,货币发行方通过发行高能货币,可以使用多种方法来调控货币供应量。

若高能货币增加了 ΔH,则货币供应量 M 的增加量 ΔM 与 ΔH 存在如下关系:

$$\Delta M = \left(\frac{\hat{c}_u + 1}{\hat{c}_u + \gamma}\right)\Delta H \qquad (9.22)$$

在这个式子中,基础货币增加 1 单位,可以增加 $(\hat{c}_u + 1)/(\hat{c}_u + \gamma)$ 单位的货币供应。因此,$(\hat{c}_u + 1)/(\hat{c}_u + \gamma)$ 通常被称为**货币乘数**(money multiplier)。

9.5.1 准备金制度与货币乘数

在完全准备金制度,即准备金率为百分之百的情况下,由于所有的存款都成为存款准备金,增发高能货币是不会产生任何信贷,也不会产生额外的存款的。因此在这种情况下,新增加的货币供应只是增发的高能货币。接下来考察准备金率为 $r(0<r<1)$ 的部分准备金制度。

公众的现金存款比率为 0 的情况

	(银行1)	
资 产		负 债
(准备金) $\gamma\Delta H$ 日元 (贷款) $(1-\gamma)\Delta H$ 日元		(存款) ΔH 日元

	(银行2)	
资 产		负 债
(准备金) $\gamma(1-\gamma)\Delta H$ 日元 (贷款) $(1-\gamma)(1-\gamma)\Delta H$ 日元		(存款) $(1-\gamma)\Delta H$ 日元

(银行3)

图 9-15　准备金制度和信贷创造:部分准备金制度
(公众的现金·存款比率 $\hat{c}_u = 0$)

这时,增发的高能货币会全部作为存款进入普通银行。由于准备金率为 γ,民间银行可以放出这些存款的 $(1-r)$ 作为贷款,而这些贷款又会产生新的存款。这个过程被称为信贷创造。下面,我们来考察信贷创造的过程。假设增发基础货币 ΔH 日元,这时的增发货币全部作为存款进入了普通银行,随着信用创造过程不断重复,货币供应量的增加量 ΔM 如下所示:

$$\Delta H + (1-\gamma)\Delta H + (1-\gamma)^2 \Delta H + (1-\gamma)^3 \Delta H + \cdots$$

等号右边的级数之和为 $\Delta H/\gamma$(参考图 9-15)。当准备金率为 20%时,货币供应量的增加量为 $5\Delta H$。

公众的现金存款比率 $\hat{c}_u > 0$ 的情况

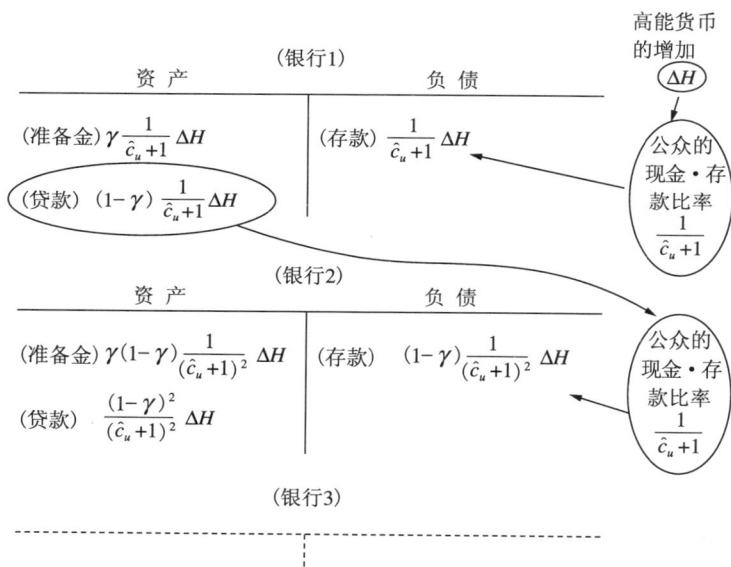

图 9-16　准备金制度和信贷创造:部分准备金制度

(公众的现金・存款比率 $\hat{c}_u > 0$)

假设增发高能货币 ΔH 日元(参考图 9-16),增加的存款额为:

$$\frac{1}{\hat{c}_u + 1}\Delta H \tag{9.23}$$

这时,该银行放出的贷款额为:

$$(1-\gamma)\left(\frac{1}{\hat{c}_u+1}\Delta H\right) \tag{9.24}$$

而这些贷款引起的存款增加额为：

$$\frac{1}{\hat{c}_u+1}(1-\gamma)\left(\frac{1}{\hat{c}_u+1}\Delta H\right) \tag{9.25}$$

新增加的这些存款引起的贷款增加额为：

$$(1-\gamma)^2\left(\frac{1}{(\hat{c}_u+1)^2}\Delta H\right) \tag{9.26}$$

这个过程不断地重复,最终引起的货币供应量的增加额 ΔM 如下所示：

$$\Delta M = \Delta H + (1-\gamma)\left(\frac{1}{\hat{c}_u+1}\Delta H\right) + \frac{1}{(\hat{c}_u+1)^2}(1-\gamma)^2\Delta H + \cdots$$

对等和右边的级数求和,可以得到下面的关系式。

$$\Delta M = \frac{1}{1-(1-\gamma)/(\hat{c}_u+1)}\Delta H = \left(\frac{\hat{c}_u+1}{c_u+\gamma}\right)\Delta H$$

可以看出,上式的结果与(9.22)式是一致的。

第 9 章总结

1. 20 世纪 40 年代,如何将库兹涅茨的实证结果与凯恩斯消费函数的理论统一,成为了经济学界的新问题。50 年代之后,针对这一问题,许多经济学家提出了若干假说。本章着重介绍了生命周期假说和持久收入假说。

2. 根据资本的边际效率有关讨论,可以导出投资函数。本章还简单地介绍了新古典学派的投资函数和托宾的 q 理论。

3. 为了明示交易动机假说的根据,我们对由鲍默尔和托宾提出的鲍默尔—托宾模型进行了说明。

4. 如果把货币的供给量定义为 M,则可以用下式表示 M。

$$M=现金通货+存款通货$$

5. 高能货币从 H 增加到 $H+\Delta H$ 时,货币供给的增加量 ΔM 和 ΔH 存在如下关系。

$$\Delta M = \left(\frac{\overset{\wedge}{c_u} + 1}{\overset{\wedge}{c_u} + \overset{\wedge}{\gamma}} \right) \Delta H$$

6. 在这章,我们还对部分准备金制度下,公众的现金·存款比率为零和为正时的信用创造和货币乘数问题进行了讨论。

第 10 章　生产技术与生产函数

之前的各章中,主要的研究对象是通过经济流量来表示的经济状况。以后的几章中,将会通过经济存量,从长期的角度来分析经济状况。本章主要考察生产要素的投入与宏观经济中的生产函数。

10.1　生产函数

10.1.1　宏观上的生产函数

给定某个时期,国民经济中的最终产品称为国民生产,而投入生产的则称为基本生产要素(资本,土地,劳动力等要素)。把国民生产量记为 Y,用 K,L,N 分别表示资本,劳动力,土地等基本生产要素。表示基本生产要素的投入量(K,L,N)和国民生产量 Y 之间关系的函数被称为宏观上的生产函数,即

$$Y=G(K,L,N)$$

通常,土地 N 的数量是固定的,因此,$N=\overline{N}=$ 定值,生产函数可以表示为:

$$Y=F(K,L)=G(K,L,\overline{N}).$$

在宏观经济分析里,常用的生产函数有以下几种:

(1) 柯布-道格拉斯型生产函数

$$F(K,L)=AK^{\alpha}L^{\infty}$$

这里的 A,α 为常数,且 $A>0,0<\alpha<1$。

（2）固定系数型生产函数①

$$F(K,L)=\min\left\{\frac{K}{v},\frac{L}{u}\right\}$$

这里的 u,v 都是常数且为正。

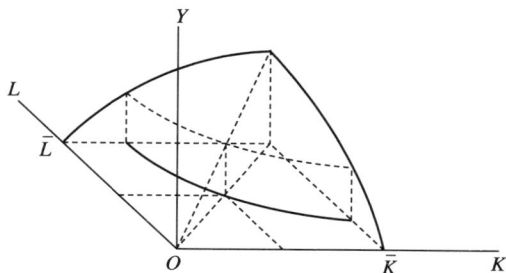

图 10 - 1　柯布-道格拉斯型生产函数的曲面图

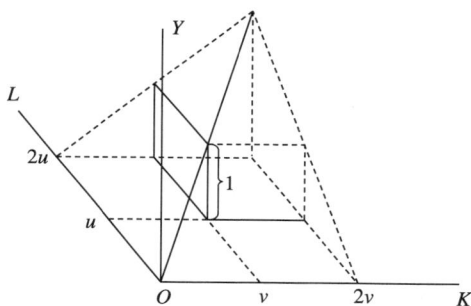

图 10 - 2　固定系数型生产函数的曲面图

图 10-1,图 10-2 分别表示的是柯布-道格拉斯型生产函数与固定系数型生产函数的曲面图。

　　经济增长模型的最初形式是基于凯恩斯经济理论总结出来的哈罗德-多玛模型。这个模型中使用的生产函数是固定系数型生产函数。此外,第一章中提到的产业关联分析中使用的也是固定系数型生产函数。而柯布-道格拉斯型生产函数具有"合适的性质",因此不只局限于增长理论中使用。以下,对生产函数的相关

---

① 这里的 min 是最小的意思。

概念进行定义,并说明其含义。

10.1.2　宏观上的生产函数相关概念

（1）边际生产率

为了讨论追加一单位的生产要素,会引起多少生产量的变化这一问题,经济理论中引入了边际生产率(marginal productivity)这一概念。在这里,我们先来定义边际生产率。资本的边际生产率的定义如下所示:

生产要素的组合(K',L')中资本的边际生产率$\fallingdotseq (K',L')$中资本K产生了微小的变化量$\Delta K>0$时,平均每单位的资本变化量所引起的生产量的变化量$=\dfrac{F(K'+\Delta K,L')-F(K',L')}{\Delta K}$。由于这里的"微小的变化量"难以量化,通常把$\Delta K$定义为近似于$0$的值。因此,资本的边际生产率的严密定义为:

生产要素的组合(K',L')中资本的边际生产率

$$F_K(K',L')=\lim_{\Delta K\to 0}\frac{F(K'+\Delta K,L')-F(K',L')}{\Delta K}=\frac{\partial F(K',L')}{\partial K}$$

同样的,生产要素的组合(K',L')中劳动力的边际生产率

$$F_L(K',L')=\lim_{\Delta L\to 0}\frac{F(K',L'+\Delta L)-F(K',L')}{\Delta L}=\frac{\partial F(K',L')}{\partial L}$$

一般情况下,(K,L)中的资本与劳动力的边际生产率如下所示[①]:

(K,L)中资本的边际生产率$F_K(K,L)=\dfrac{\partial F(K,L)}{\partial K}$

(K,L)中劳动的边际生产率$F_L(K,L)=\dfrac{\partial F(K,L)}{\partial L}$

例如,当生产函数为柯布-道格拉斯型$F(K,L)=AK^\alpha L^{1-\alpha}$时,资本的边际生产率$F_K(K,L)=\alpha AK^{\alpha-1}L^{1-\alpha}$,劳动力的边际生产率$F_L(K,L)=(1-\alpha)AK^\alpha L^{-\alpha}$。

（2）等产量曲线

接下来,我们通过等产量曲线来考察生产函数。所谓等产量

---

① 　由此可以得知,资本存量和劳动的边际生产率,就是关于资本存量和劳动的偏微分系数。在经济分析中考察其经济学含义时,可以利用上述的近似定义,而展开严密的数理推导时要使用偏微分的概念。

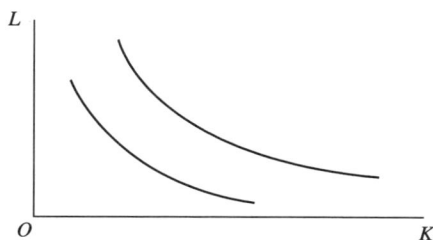

图 10 - 3　柯布-道格拉斯型生产函数的等产量曲线

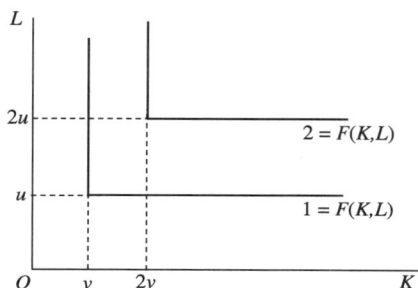

图 10 - 4　固定系数型生产函数的等产量曲线

曲线,指的是所有生产量相同的生产要素组合(K,L)的集合联结而成的曲线。即,对于某产量$Y^0 > 0$,满足

$$Y^0 = F(K,L)$$

的所有(K,L)的组合构成了一条等产量曲线。下面,我们通过图示来说明。图 10 - 1 与图 10 - 2 中的生产曲面对应的是表示(K,L)与Y关系的生产函数,而这些生产曲面的等高线就是等产量曲线。因此,可以通过图 10 - 1 与图 10 - 2 中生产曲面的等高线分别求出柯布-道格拉斯型生产函数与固定系数型生产函数的等产量曲线。图 10 - 3 与图 10 - 4 中表示的就是这两种生产函数的等产量曲线。在这里,我们对固定系数型生产函数做一些补充说明。

存在下列固定系数型生产函数

$$F(K,L) = \min\left\{\frac{K}{v}, \frac{L}{u}\right\}$$

假设$(K,L) = (v,u)$,则下面的关系式成立:

$$F(v,u) = \min\left\{\frac{v}{v}, \frac{u}{u}\right\} = 1$$

若存在 $(K,L)=(v,u')$，且 $u'>u$，则有

$$F(v,u')=\min\left\{\frac{v}{v},\frac{u'}{u}\right\}$$

因为 $u'>u$，所以上式中的 $u'/u>1$，因此可以得到：

$$F(v,u')=\min\left\{\frac{v}{v},\frac{u'}{u}\right\}=1$$

若存在 $(K,L)=(v',u)$，且 $v'>v$，则有

$$F(v',u)=\min\left\{\frac{v'}{v},\frac{u}{u}\right\}=1$$

由上式可知，图 10-4 中表示的是当生产量为 1 时对应的等产量曲线。

（3）边际技术替代率

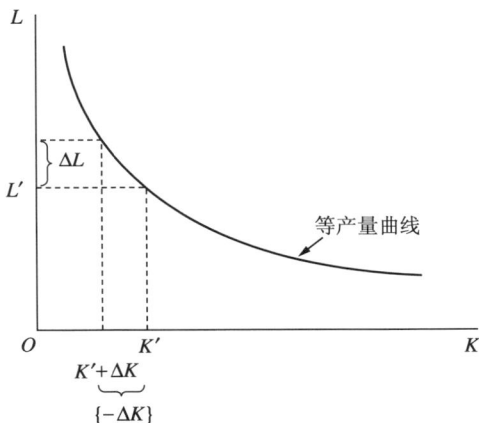

图 10-5　边际技术替代率

边际生产率表示的是生产要素的少量增加引起的生产量的变化。下面，我们来考察在生产量一定的情况下，表示各生产要素间的边际替代性的概念——边际技术替代率（marginal rate of technical substitution，即 RTS）。(K',L') 集合中的边际技术替代率记为 $RTS(K',L')$，我们可以通过下面的式子来近似地表示边际技术替代率：

$RTS(K',L')\fallingdotseq(K',L')$ 中资本 K 产生了微小的变化量 ΔK <0 时，为了与 (K',L') 保持在同一等产量曲线而引起的 L 的变化

量 $= -\dfrac{\Delta L}{\Delta K}$。

当 ΔK 为近似于 0 的值时,则严密的定义为[①]:

$$RTS(K',L') = \lim_{\Delta K \to 0}\left\{-\frac{\Delta L}{\Delta K}\right\} = 通过(K',L')的等产量曲线在$$

(K',L') 处切线的斜率的相反数[②]。

根据上面的关系,可以得到:

$$RTS(K',L') = \frac{F_K(K',L')}{F_L(K',L')}$$

当 (K,L) 中的 K 沿着等产量曲线不断增加时,若 $RTS(K,L)$ 不断减少,则边际技术替代率 RTS 呈递减性(参考图 10 - 16)。

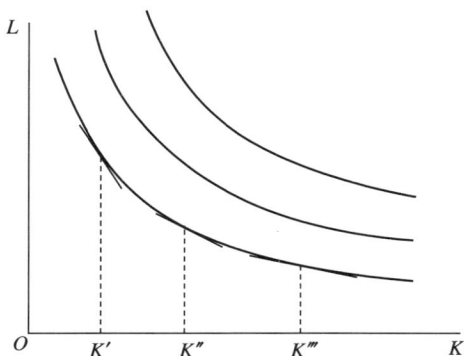

图 10 - 6　边际技术替代率(RTS)的递减性

(4) 替代弹性

在图 10 - 16 中,由于边际技术替代率 RTS 呈递减性,当 K 沿着等产量曲线不断增加时,生产要素的投入量之比 L/K 不断减少。而投入量之比的变化率 $\mathrm{d}(L/K)/(L/K)$ 与 RTS 的变化率 $\mathrm{d}(F_K/F_L)/(F_K/F_L)$ 之间的比值,即,

---

①　这与边际生产率定义相同,解释其经济学含义时使用近似的定义,展开严格的数理推导时需要求出极限值。

②　根据阴函数定理,可以导出下式。首先,近似地,关系式 $F_K(K',L')(-\Delta K) \doteqdot F_L(K',L')\Delta L$ 成立,即,$-\dfrac{\Delta L}{\Delta K} \doteqdot \dfrac{F_K(K',L')}{F_L(K',L')}$。若对该式的左边求极限则可以得到边际替代率的式子。

$$\gamma(K,L)=\frac{\mathrm{d}(L/K)/(L/K)}{\mathrm{d}(F_K/F_L)/(F_K/F_L)}$$

通常被称为(K,L)的替代弹性(elasticity of substitution)[①]。

在这里,我们通过图 10-7 来说明替代弹性。

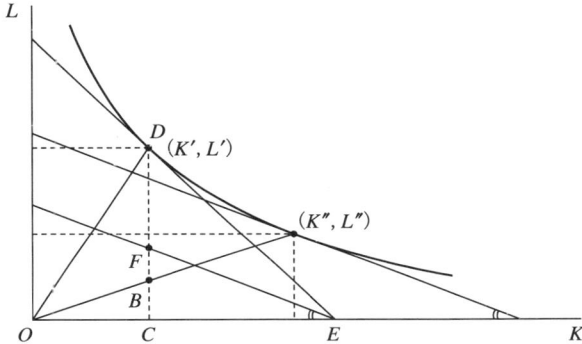

图 10-7　替代弹性

$$\Delta(L/K)/(L'/K')=\frac{\dfrac{BC}{OC}-\dfrac{DC}{OC}}{\dfrac{DC}{OC}}=-\frac{DC-BC}{DC}$$

$$\frac{\Delta(F_K/F_L)}{F_K(K',L')/F_L(K',L')}=\frac{\dfrac{CF}{CE}-\dfrac{DC}{CE}}{DC/CE}=-\frac{DC-CF}{DC}$$

因此,$\gamma(K',L')$可以近似的表示为

$$\gamma(K',L')\doteqdot\frac{DC-BC}{DC-CF}$$

而替代弹性固定的生产函数,即 CES(constant elasticity of substitution)型生产函数可以作如下定义:

$$F(K,L)=A\{aK^{-\beta}+(1-a)L^{-\beta}\}^{-\frac{1}{\beta}}$$

(这里的 A,a 为常数,$A>0,0<a<1$)

这个 CES 型生产函数的替代弹性为:

---

① 理解替代弹性的严格意义上的定义,可能比较困难。所以在学习的初级阶段,掌握了近似意义上定义之后,在 CES 型生产函数的范围之内理解替代弹性和等产量曲线的关系较好。关于替代弹性和等产量曲线的严密定义,可以参考拙著《经济增长分析的方法》(九州大学出版社,2003 年)。

$$\gamma(K,L)=\frac{1}{1+\beta}$$

(1)

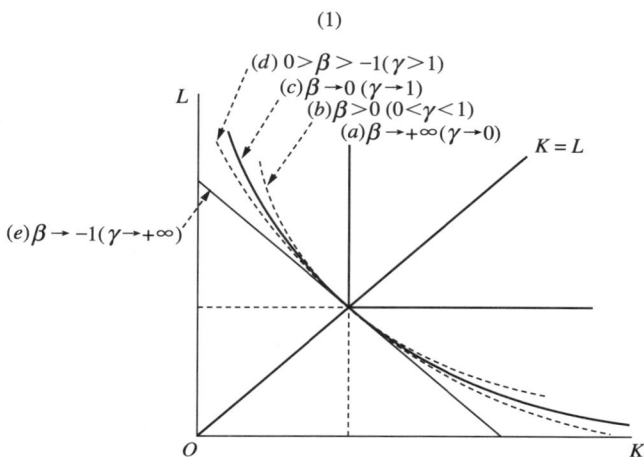

β值	$\beta \rightarrow +\infty$	$\beta > 0$	$\beta \rightarrow 0$	$0 > \beta > -1$	$\beta \rightarrow -1$
替代弹性	$\gamma \rightarrow 0$	$0 < \gamma < 1$	$\gamma \rightarrow 1$	$\gamma > 1$	$\gamma \rightarrow +\infty$
等产量曲线	固定系数型(a)	(b)	柯布-道格拉斯型(c)	(d)	右下移动直线(e)

(2)

图 10-8　替代弹性和生产函数的类型

而图 10-8 表示的是 β 值,或者说替代弹性 γ 与等产量曲线的关系。

10.2　规模收益

在考察当所有生产要素的投入量以同一比率时,产出量是如何变化这一问题时,主要分为三种情况讨论:

(1)规模收益不变:(Constant Returns to Scale:CRS)[①]

对于任意的 (K,L) 和任意的 $\lambda > 0$,存在:

[①]　这种性质被称为一次同次。通常,相对于任意的 (K,L) 和 $\lambda > 0$ 来说, $F(\lambda K,\lambda L)=\lambda^t F(K,L)$ 成立时,称为 t 次同次。

$$F(\lambda K, \lambda L) = \lambda F(K, L)$$

换而言之,(K, L) 中的生产要素的投入量分别增加 λ 倍时,生产量 $F(\lambda K, \lambda L)$ 与 $\lambda F(K, L)$ 一致。

（2）规模收益递增:(Increasing Returns to Scale:IRS)

对于任意的 (K, L) 和任意的 λ,存在:

$$F(\lambda K, \lambda L) > \lambda F(K, L)$$

（3）规模收益递减:(Decreasing Returns to Scale:DRS)

对于任意的 (K, L) 和任意的 λ,存在:

$$F(\lambda K, \lambda L) < \lambda F(K, L)$$

具有规模收益不变性质的生产函数

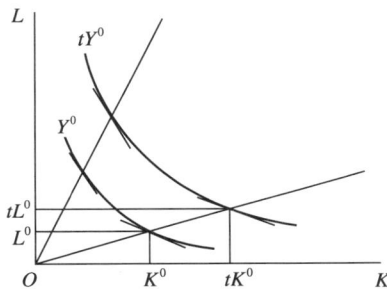

图 10-9　规模收益不变性生产函数的边际技术替代率

对于具有规模收益不变性质的生产函数而言,存在以下的特征:

（1）对于任意的 (K, L),存在:

$$F(K, L) = F_K(K, L)K + F_L(K, L)L$$

（2）对于任意的 (K, L) 和任意的 $t > 0$,以下关系式成立:

$$F_K(tK, tL) = F_K(K, L), F_L(tK, tL) = F_L(K, L)$$

（3）对于任意的 (K^0, L^0),存在:

$$
\begin{aligned}
\text{RTS}(K^0, L^0) &= \frac{F_K(K^0, L^0)}{F_L(K^0, L^0)} \\
&= \frac{F_K(tK^0, tL^0)}{F_L(tK^0, tL^0)} = \text{RTS}(tK^0, tL^0)
\end{aligned}
$$

因此,具有规模收益不变性的生产函数 $F(K, L)$ 如图 10-9 所示,从原点出发,通过任意点 (K^0, L^0) 的射线上的各点 (tK, tL) 的边际替代率 RTS 的值相等。

当生产函数为柯布-道格拉斯型生产函数 $F(K,L) = AK^{\alpha}L^{1-\alpha}$ 时,生产要素组合 (K,L) 中,资本的边际生产率为 $F_K(K,L) = \alpha AK^{\alpha-1}L^{1-\alpha}$,劳动力的边际生产率为 $F_L(K,L) = (1-\alpha)AK^{\alpha}L^{-\alpha}$。因此,对于柯布-道格拉斯型生产函数而言,下列的欧拉定理成立:

$$F(K,L) = \alpha AK^{\alpha-1}L^{1-\alpha}K + (1-\alpha)AK^{\alpha}L^{-\alpha}L$$

同样的,上述的性质(2),(3)也可以通过柯布-道格拉斯型生产函数进行验证。

10.3 补充说明

具有适当性质的生产函数

通过上述的讨论可以发现,在经济分析中使用柯布-道格拉斯型生产函数进行分析是非常便利的。而柯布-道格拉斯型生产函数具有的某些性质同样适用于其他的生产函数,下面,我们将总结这些性质,并对具有适当性质的生产函数进行定义。

定义 1:具有下列性质的生产函数 $Y = F(K,L)$ 被称为具有适当性质的生产函数。

1.(规模收益不变):对于任意的 (K,L) 和任意的 $\lambda > 0$,存在[1]:

$$F(\lambda K, \lambda L) = \lambda F(K,L)$$

2.(生产要素的必要性):对于任意的 K 与任意的 L,存在:

$$F(K,0) = 0, F(0,L) = 0$$

3.(2 阶连续可微性):$F(K,L)$ 为 2 阶连续可微函数[2]。为了简化表述,将其表示为:

$$\frac{\partial F(K,L)}{\partial K} = F_K(K,L), \frac{\partial F(K,L)}{\partial L} = F_L(K,L)$$

$$\frac{\partial^2 F(K,L)}{\partial K^2} = F_{KK}(K,L), \frac{\partial^2 F(K,L)}{\partial L^2} = F_{LL}(K,L)$$

4.(边际生产率为正值):对于任意的 (K,L),存在:

---

[1] 严格地讲,应该在正象限内进行讨论。

[2] 这意味着在定义域内,二阶偏导数是连续函数。这是满足数学思维严密性的条件,所以不必在意。

$$F_K(K,L)>0, F_L(K,L)>0$$

5. （边际生产率递减）：对于任意的(K,L)，存在：

$$F_{KK}(K,L)<0, F_{LL}(K,L)<0$$

6. （稻日条件：边际生产率的极限）：当$L>0$时，存在：

$$\lim_{K\to 0}F_K(K,L)=+\infty, \lim_{K\to+\infty}F_K(K,L)=0$$

当$K>0$时，存在：

$$\lim_{L\to 0}F_L(K,L)=+\infty, \lim_{L\to+\infty}F_L(K,L)=0$$

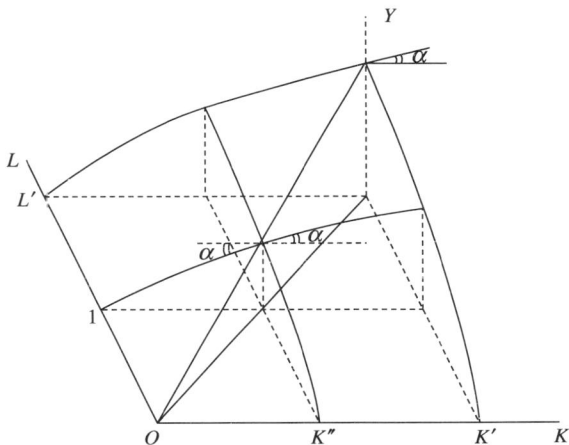

图 10‑10　具有适当性质的生产函数

接下来，我们对上述性质的经济学意义进行简单说明。所谓规模收益不变，指的是当资本存量 K 与劳动人口 L 同时增至原来的 λ 倍时，国民经济生产 Y 会增至原来的 λ 倍。如图 10‑10 所示，在(K,L)平面上，从原点出发的任意直线的生产曲面为一条直线。数学术语表述为一次齐次性。

生产要素的必要性指的是，对于生产而言，资本存量 K 以及劳动人口 L 缺一不可。如图 10‑10 所示，生产曲面中的 K 轴与 L 轴相交。

2 阶连续可微性是指，对于任意的(K,L)，资本的边际生产率 $F_K(K,L)$ 以及劳动力的边际生产率 $F_L(K,L)$ 有意义，且边际生产率的变化率也是有意义的。此外，随着(K,L)的变化，边际生产率的变化是连续的。

边际生产率为正值则保证了当其他生产要素不变时,国民生产随着某生产要素投入量的增加而增加。

边际生产递减是指,当资本存量 K(劳动人口的数量 L)固定时,劳动力的边际生产率(资本的边际生产率)随着劳动力 L(资本 K)增加而递减。

最后,与边际生产率的极限相关的条件,通常称为稻田条件(Inada condition)。我们将在持续性增长的章节里考察此条件的意义。

第 10 章总结

1. 阐述生产要素(K,L,N)的数量同国民生产总量 Y 的关系的函数被称为生产函数。在这一章,我们介绍了柯布-道格拉斯型生产函数和固定系数生产函数,并图示了他们所对应的生产曲面。

2. 定义了资本存量的边际生产率和劳动边际生产率。

3. 所有生产量相同的生产要素组合(K,L)的集合联结而成的曲线被称为等产量曲线。

4. 在生产量一定的情况下,表示各生产要素间的边际替代性的概念-边际技术替代率(marginal rate of technical substitution:RTS)。

5. 替代弹性固定的生产函数,即 CES(constant elasticity of substitution)型生产函数可以作如下定义:

$$F(K,L)=A\{aK^{-\beta}+(1-a)L^{-\beta}\}^{-\frac{1}{\beta}}$$

(这里的 A,a 为常数,$A>0,0<a<1$)

CES 型生产函数的替代弹性为:

$$\gamma(K,L)=\frac{1}{1+\beta}$$

6. 具有规模收益不变性的生产函数 $F(K,L)$,从原点出发,通过任意点(K^a,L^a)的射线上的各点(tK,tL)的边际替代率 RTS 的值相等。

7. 柯布-道格拉斯生产被称为具有适当性质的生产函数。

第 11 章　集约型增长模型的基础

在前一章中,我们讨论了将生产要素的投入量与生产量关联起来的宏观生产函数。在本章和下一章里,我们将从长期的观点来分析经济增长。关于经济增长这一问题,必须要考虑生产要素(劳动人口,物质资本)投入的增加,技术进步以及人力资本水平的提升等各方面的因素。此外,由于产业创新推动技术进步,因此为了促进产业创新而进行的 R&D(研究开发:Research and Development)、教育,以及决定经济环境的基础设施建设,金融系统改革等方面的因素,对于经济增长来说也是不可或缺的。本章的开始部分,会在集约型增长模型里分析均衡增长路径和持续增长路径。

在本章中,我们要通过集约型增长模型来分析均衡增长路径。首先,我们要定义一些概念,在此基础上讨论动态均衡增长的可实现性。这一章将着重介绍菲尔普斯-库普曼的非有效性准则,对动态有效性和非有效性做出区分。之后,我们将明确家庭的行动,在储蓄率固定这个假设的基础上,对索洛-斯万增长模型进行讨论。在这个模型中,将得到长期的均衡路径,即持续增长路径上的所有水平变量(level variable)的增长率与人口的增长率一致这样一个结论。

11.1　经济增长路径

假设存在一个从现在开始,到将来的某时间点为止的连续时间段(给定了时间单位)。然后将这个时间段以同样的间隔分为 t

期间,把现在时间点称为第 0 期,距离现在最近的一个期间称为第 1 期,距离现在次近的称为第 2 期,以此类推,直至第 t 期。之后的讨论都是建立在这一设定的基础上[①]。

下面我们说明各符号所表示的含义:

Y_t＝第 t 期的国民生产

C_t＝第 t 期的消费

I_t＝第 t 期的投资

K_t＝第 t 期起始的投资存量

P_t＝第 t 期起始时的总人口

L_t＝第 t 期起始时的劳动人口

假设 1:给定现在时间点的总人口和劳动人口分别为 $\overline{P}_0$，$\overline{L}_0$，且以 $n \geqslant 0$ 的速度外生性增长,$\overline{P}_0 > 0$，$\overline{L}_0 > 0$，$\overline{L}_0 / \overline{P}_0 = \gamma$。这里的 γ 表示劳动参加率(总人口中劳动人口所占的比率)。在下面的讨论中,假设 $\gamma = 1$。针对各期间的分析中,各期间 $t > 0$ 的总人口和劳动人口分别表示为:

$$P_t = \overline{P}_0 (1+n)^t \qquad L_t = \overline{L}_0 (1+n)^t$$

在这里,除了假设总人口与劳动人口以外生型的速度增长之外,还可以假设多种情况[②]。

假设 2:各时间段中的劳动人口达到完全雇佣水平,资本存量完全被使用。

需要注意的是,在不存在假设 2 的情况下去讨论'最优化'的问题,也可以得到相同的结果。因此,这个假设的存在与否也就不成为一个问题。

假设 3:各时间段中的生产函数为柯布-道格拉斯型生产函数。

$$F(K,L) = AK^{\alpha}L^{1-\alpha}$$

这里的 A，α 为常数,且 $A > 0$，$0 < \alpha < 1$。

假设 4:各时间段中的银行制度健全,投资与储蓄始终处于一

---

① 在这一章和下一章中,将时间分为若干时期,对离散时间模型进行分析。也可以将时间看做是连续的,即,使用连续时间模型进行分析。可是,使用连续时间模型分析时,需要很多高难度数学知识(微分方程,动态经济系统)。

② 可以假设人口以外生速度增长,劳动参加比率为劳动工资的函数。

致水平。

假设 5：资本存量的折旧率为 $\delta \geqslant 0$。

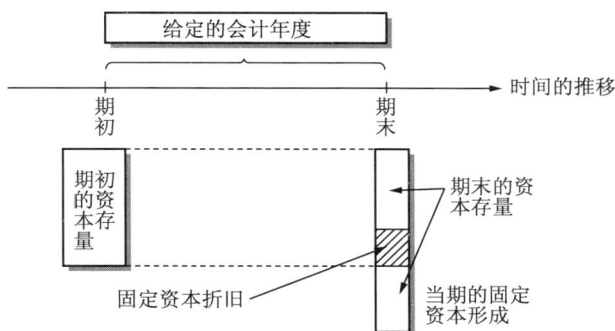

图 11-1 资本积累和固定资本折旧

以上述假设为前提，我们来考察动态均衡的可实现性。由假设 4 可知，投资量与储蓄量一致，因此存在[①]：

$$Y_t - C_t = S_t = I_t$$

即

$$AK_t^\alpha L_t^{1-\alpha} = Y_t = C_t + I_t \tag{11.1}$$

$$I_t = K_{t+1} - K_t + \delta K_t \tag{11.2}$$

由(11.1)与(11.2)可以得到如下的关系式：

$$AK_t^\alpha L_t^{1-\alpha} = K_{t+1} - K_t + \delta K_t + C_t \tag{11.3}$$

此外，各变量的人均值定义如下：

$$k_t = K_t / L_t, c_t = C_t / L_t$$

因此可得下式[②]：

$$Ak_t^\alpha = (1+n)k_{t+1} - (1-\delta)k_t + c_t \tag{11.4}$$

首先，我们一定的时间范围 $T \geqslant 0$ 内定义可实现的增长路径。

定义 1：满足下式的时间路径 (k_t, c_t) 被称为可实现的经济增长路径。

$$Ak_t^\alpha = (1+n)k_{t+1} - (1-\delta)k_t + c_t \quad (t=0,1,2\cdots)$$

---

① 关于(11.2)式，可以参照图 11-1。

② 为了能够更加直观的理解此函数的意义，在以下的讨论中假设 $\alpha = \dfrac{1}{2}$，$Ak^\alpha = Ak^{1/2}$。

接下来,我们在无限长的时间里,按可实现路径的几个阶段对增长路径进行定义。

定义 2:所有的经济变量以相同的速度增长的可实现的增长路径被称为持续增长路径。

定义 3:在持续增长路径中,人均消费最高的路径被称为"黄金律"增长路径。

定义 4:所有的经济水平变量以相同的速度增长的可实现的增长路径被称为均衡增长路径。

此外,在可实现的增长路径(k_t, c_t)中,各经济变量的时间路径可以通过下面的式子求出。

$$K_t = k_t \overline{L}_0 (1+n)^t \qquad Y_t = \overline{L}_0 (1+n)^t A k_t^\alpha$$

$$C_t = c_t \overline{L}_0 (1+n)^t \qquad I_t = S_t = \overline{L}_0 (1+n)^t \{A k_t^\alpha - c_t\}$$

因此,当储蓄率 $s_t = S_t / Y_t$ 时,若 $k_t \neq 0$,则有下式成立

$$s_t = \frac{A k_t^\alpha - c_t}{A k_t^\alpha}$$

11.2 持续增长路径与黄金律增长路径

通过上节的介绍,我们知道,各内生性的变量随着时间的推移以相同的速度增长的增长路径被称为持续增长路径,可以表示为:

$$c = A k^\alpha - (n + \delta) k$$

上式中存在 $k > 0, c > 0$。且 k, c 分别沿着资本存量的路径(k_t)以及消费水平的路径(c_t)(在这里,对于任意的 $t, k_t = k, c_t = c$)变化[1]。此时,以下的关系式成立。

$$K_t = k \overline{L}_0 (1+n)^t \qquad Y_t = \overline{L}_0 (1+n)^t A k^\alpha$$

$$C_t = c \overline{L}_0 (1+n)^t \qquad I_t = S_t = \overline{L}_0 (1+n)^t \{A k^\alpha - c\}$$

从上述的关系式可直观地看出,任意持续增长路径上的国民收入的增长率为 n。

另外,$(k_t), (c_t), k_t = k, c_t = c, (t \geqslant 0)$所在的持续增长路径上的

---

[1] 可持续增长模型相关的严密推导,可以参考拙著《经济增长分析的方法》(九州大学出版会,2003 年)。

储蓄率如下所示：

$$s_t = \frac{Ak^\alpha - c}{Ak^\alpha} = \frac{(n+\delta)k}{Ak^\alpha}$$

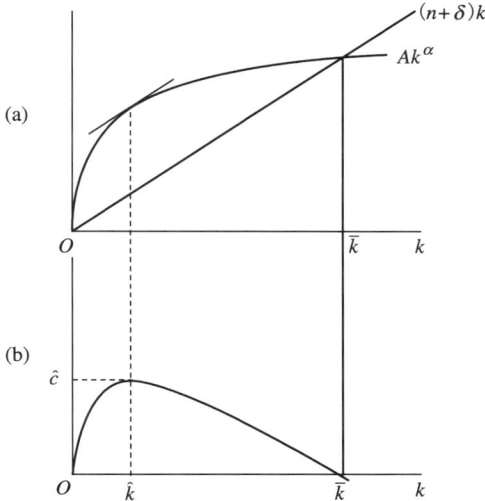

图 11 - 2　持续增长路径的可能性

如图 11 - 2 所示，对于［处于图 11 - 2(b)中的曲线上的］任意的 (k,c)，保持 $k_t = k, c_t = c(t \geqslant 0)$ 的持续增长都是可以实现的。在所有的持续增长路径中，人均消费水平最高的路径就是黄金律增长路径。图 11 - 2 中的黄金律增长路径为保证 $k_t = \hat{k}, c_t = \hat{c}(t \geqslant 0)$ 的路径。

另外，在图 11 - 2 中，如下关系成立：

$$\alpha A \hat{k}^{\alpha-1} = n + \delta$$

而 $(k_.), (c_t), k_t = \hat{k}, c_t = \hat{c}(t \geqslant 0)$ 所在的黄金律增长路径上，存在如下关系：

$$s_t = \frac{A\hat{k}^\alpha - \hat{c}}{A\hat{k}^\alpha} = \frac{(n+\delta)\hat{k}}{A\hat{k}^\alpha} = \frac{\alpha A \hat{k}^\alpha}{A\hat{k}^\alpha} = \alpha$$

即，黄金律增长路径上的储蓄率与资本的相对分配率 α 相等[①]。

下面，我们对黄金律增长路径相关的讨论进行总结。

命题 1：在假设(1)至假设(5)成立的经济增长模型中，存在唯一的黄金律增长路径。同时，若 (k_t)，(c_t)，$k_t = \hat{k}$，$c_t = \hat{c}(t \geqslant 0)$ 所在的黄金律增长路径上的(人均)资本存量以及(人均)消费的时间路径存在，则下列关系成立。

(1) 劳动人口的增长率与资本折旧率之和等于边际生产率。即，

$$\alpha A \hat{k}{}^{\alpha-1} = n + \delta$$

(2) 储蓄率与资本的相对分配率 α 相等。

上述命题被称为黄金律(golden rule)[②]。另外，从给定人均资本存量 k_0 出发的人均资本存量的可实现的增长路径 (k_t) 与人均消费水平可实现的增长路径 (c_t)，即把所有 $[(k_t),(c_t)]$ 的集合记做 $M(\bar{k}_0)$。则存在：

(1) $c_t = Ak_t^\alpha - (1+n)k_{t+1} + (1-\delta)k_t$ $t > 0(t = 0,1,2,\cdots)$

(2) $k_0 = \bar{k}_0$

这里需要注意的是，$M(\bar{k}_0)$ 是许多路径的集合。因此，我们需要从 $M(\bar{k}_0)$ 中选择从给定人均资本存量 $\bar{k}_0$ 出发的增长路径 $[(k_t),(c_t)]$。在下一节里，我们将在消费者或家庭的偏好没有明确规定的情况下，考察动态有效性和非有效性。

11.3 菲尔普斯-库普曼的非有效性准则

通过上述的经济增长模型，我们在给定初期的(人均)资本存量 $\bar{k}_0$ 的情况下，对有效性和非有效性进行定义。

---

① 通常，资本的相对分配率被定义为生产总额中资本积累所占的比率。在完全竞争的假设下，宏观生产函数 $F(K,L)$ 中资本的分配为 $F_K(K,L)K/F(K,L)$。本章所讨论的柯布-道格拉斯函数的资本分配率为 α。

② 这是将《圣经》中"你愿意别人怎样对待你，你也要怎么对待人"引申为代际间公平。

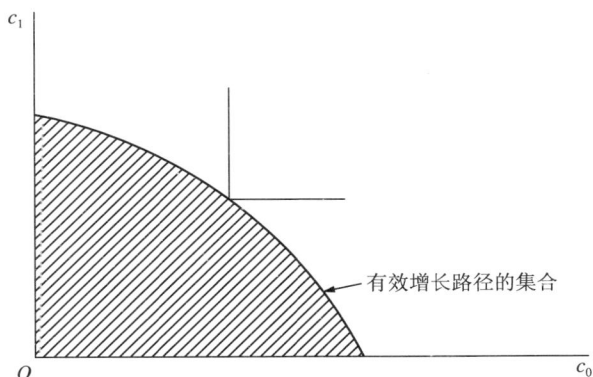

图 11 - 3 两个期间增长模型的有效增长路径

定义 5：

(1) 若 $[(k_t'),(c_t'),(k_t''),(c_t'')] \in M(\bar{k}_0)$，如果对于任意的 $t \geqslant 0$，存在：

$$c_t' \geqslant c_t''$$

且对某些 $t \geqslant 0$，下列的关系

$$c_t' > c_t''$$

成立，则可以说 $[(k_t'),(c_t')]$ 的组合优于 $[(k_t''),(c_t'')]$。

(2) 若在 $M(\bar{k}_0)$ 中不存在优于 $[(\hat{k}_t),(\hat{c}_t)] \in M(\bar{K}_0)$ 的路径，则 $[(\hat{k}_t),(\hat{c}_t)]$ 被称为有效的增长路径 (efficient growth path)。

(3) 当 $M(\bar{k}_0)$ 中存在优于 $[(k_t'),(c_t')] \in M(\bar{k}_0)$ 的路径 $[(k_t''),(c_t'')]$ 时，$[(k_t),(c_t)]$ 被称为非有效增长路径。

下面我们通过两个期间的情况来说明。可实现的经济增长路

径中的人均消费路径(c_0, c_1)的集合如图 11 - 3 所示[1]。图中向右上方凸起的曲线部分对应着该集合的有效增长路径。

接下来，我们以上述分析为前提，对菲尔普斯和库普曼提出的动态非有效性的准则展开讨论[2]。

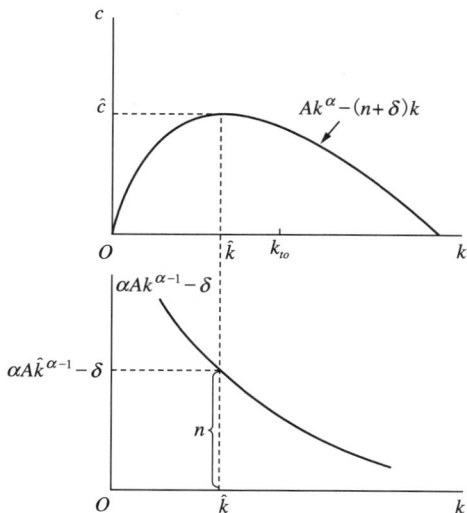

图 11 - 4 菲尔普斯-库普曼的非有效性准则

命题 2：假设有$\left[(k_t), (c_t)\right] \in M(\bar{k}_0)$，且存在某 $t_0 \geqslant 0$，对任意的 $t \geqslant t_0$，若存在

$$k_{t+1} \geqslant k_t > \hat{k}$$

---

[1] 本章对期初资本存量为 k_0，由 0 期和 1 期构成的两期模型进行讨论。若 1 期期末的人均资本存量 k_2 为 k_2^*，则 0 期和 1 期的消费路径如下所示。

$c_0 = A\bar{k}_0^{\alpha} - (1+n)k_1 + (1-\delta)\bar{k}_0$

$c_1 = A\bar{k}_1^{\alpha} + (1-\delta)k_1 - (1+n)k_2^*$

给定 $k_2 = k_2^*$ 的情况下，由所有满足上式的(c_0, c_1)描绘出的曲线为可实现的经济增长路径中的人均消费路径。如果第 2 期的资本存量 k_2^* 从 0 水平开始积累，则该曲线的范围向原点方向缩小。图 11-3 为可实现的经济增长路径中的人均消费路径的集合。

[2] 此命题的证明，可以参考 Phelps[1962, pp. 1097—1099]。另外，Phelps [1965]，对连续时间模型进行了证明。关于离散模型的证明，可以参考拙著《经济增长分析的方法》(九州大学出版会，2003 年) 的第 89 页。

则$[(k_t),(c_t)]$为非有效性增长路径。这里,$\hat{k}$表示的是黄金律增长路径中的(人均)资本存量。或者可以说,存在某 $t_0 \geqslant 0$,对任意的 $t \geqslant t_0$,若存在

$$\alpha AK_{t+1}^{\alpha-1} - \delta \leqslant \alpha AK_t^{\alpha-1} - \delta < n$$

则$[(k_t),(c_t)]$为非有效性增长路径。

11.4　储蓄率固定的情况:索洛-斯旺模型

本节中,我们会对储蓄率处于固定水准的索罗-斯旺模型展开讨论[1]。我们把满足下列条件的离散型增长函数称为索罗-斯旺模型。

假设 6:在各个 t 期间,存在同一个储蓄函数。

$$S_t = sY_t \qquad (0 < s < 1)$$

上述函数中的 s 是一个常数,被称为储蓄倾向或储蓄率。

下面,我们将在索洛-斯旺模型中考察可实现的增长路径。由于储蓄率 s 是固定的,因此下式成立[2]。

$$s = \frac{(1+n)k_{t+1} - (1-\delta)k_t}{Ak_t^\alpha}$$

即,

$$(1+n)k_{t+1} - (1-\delta)k_t = sAk_t^\alpha$$

由此我们可以得到可实现的经济增长路径中资本存量的时间路径。

定义 6:对于任意 t,满足下式的时间路径(k_t)被称为均衡增长路径。

$$k_{t+1} = \frac{1}{1+n}\{sAk_t^\alpha + (1-\delta)k_t\}$$

---

① 可以参考 R. M. Solow, "A Contribution to the Theory of Economic Growth,"*Quarterly Journal of Economics*, 70(1956), 65—94, 以及 T. W. Swan, "Economic Growth and Capital Accumulation,"*Economic Record*, 32(1956), 334—361.

② 可以通过(11.4)式和储蓄率推导求出。这里利用了前一节的结果,当然也可以从最初的下式开始推导。
$sAK_t^\alpha L_t^{1-\alpha} = K_{t+1} - K_t + \delta K_t$

即，

$$k_{t+1} - kt = \frac{1}{1+n}\{sAk_t^\alpha - (\delta+n)k_t\}$$

此时，与(k_t)相关的各经济变量的时间路径如下所示。

$$K_t = \overline{L}_0(1+n)^t k_t \qquad\qquad Y_t = \overline{L}_0(1+n)^t AK_t^\alpha$$

$$C_t = (1-s)\overline{L}_0(1+n)^t Ak_t^\alpha \qquad I_t = S_t = s\overline{L}_0(1+n)^t Ak_t^\alpha$$

如上所述，当储蓄率 s 固定时，人均资本存量的路径(k_t)可以由下面的差分方程表示[①]。

$$k_{t+1} - k_t = \frac{1}{1+n}\{sAk_t^\alpha - (\delta+n)k_t\}$$

因此，在 s 给定的情况下，持续均衡增长路径(k_t)，$k_t = k^*$（$t \geqslant 0$）与上述差分方程的均衡点一致。即，满足下式的持续增长路径为持续均衡增长路径。

$$sAk^\alpha = (n+\delta)k$$

我们继而可以知道，从给定的某点 k_0 出发的均衡增长路径只存在一条。另外，如图 11 - 5 所示，由于均衡点 k^* 具有渐进稳定性，因此在长期，所有的均衡增长路径都会向均衡点 k^* 渐进。

在持续均衡增长路径中，与 k^* 相关的各变量分别如下所示。

$$K_t = k^*\overline{L}_0(1+n)^t, Y_t = \overline{L}_0(1+n)^t Ak^{*\alpha}$$

$$C_t = (1-s)\overline{L}_0(1+n)^t Ak^{*\alpha}, I_t = S_t = s\overline{L}_0(1+n)^t Ak^{*\alpha}$$

由上述各式可以得出，持续增长路径中的各经济变量的时间路径的增长率为 n。在索洛-斯旺模型中，下面的命题成立。

命题 3：

（i）在索洛-斯旺模型中只存在一条可持续的均衡增长路径。在此路径上，各水准变量（Y_t, C_t 等变量）的增长率与自然增长率（劳动人口的增长率）一致。

（ii）无论初始状态如何，长期中的国民经济的增长路径不断接近可持续的均衡增长路径。

另外，从实证分析的角度来看，索洛-斯旺模型中还存在着两个重要的论点。

---

① 我们需要注意的是，在索罗-斯旺模型中，因为储蓄率 s 被给定，所以家庭对消费路径的选择很有限。

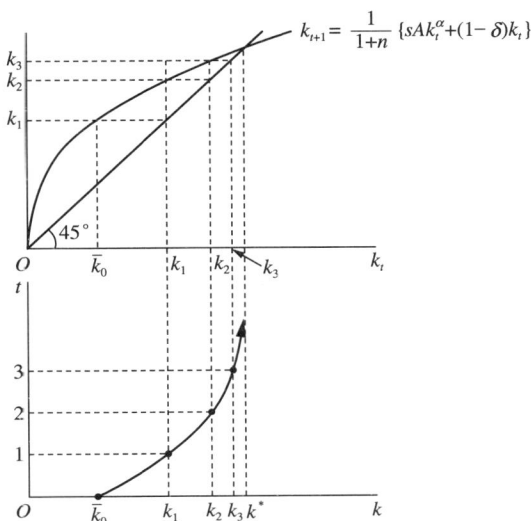

图 11 - 5　索洛-斯旺模型中的可持续增长路径的稳定性

（1）在索洛-斯旺模型中,长期人均收入的增长率为 0。

（2）在索洛-斯旺模型中,存在下面的关系式

$$\frac{k_{t+1}-k_t}{kt}=\frac{1}{1+n}\left\{\frac{sAk_t^\alpha}{k_t}-(\delta+n)\right\}$$

如图 11 - 6 所示,初期资本存量越低的国家,其人均资本存量的增长率和人均收入的增长率越高[1]。这种性质叫做 β 收敛性。

像（2）中的关系式那样,在参数的种类比较相似的情况下,可以确认 β 收敛性的存在（参照图 11 - 7）。然而,这种情况并非经常出现。因此,通常我们会对分析对象的范围加以限制,来保证 β 收敛性的存在。（1）中的论点目前还没有实证性的数据支持,而对如何避免（1）中论述情况的讨论,也出现在了内生增长理论的研究领域。

----

① 人均国民收入的增长率为

$$\frac{y_{t+1}-y_t}{k_t}=\frac{Ak_{t+1}^\alpha-Ak_t^\alpha}{Ak_t^\alpha}=(k_{t+1}/k_t)^\alpha-1$$

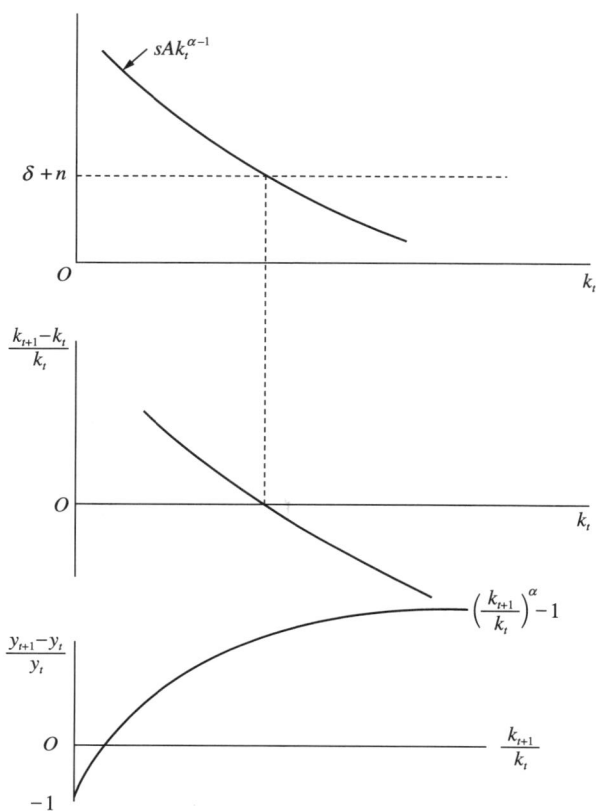

图 11 - 6　β 收敛性

11.5　储蓄率的变化与持续均衡路径

接下来,我们讨论参数 s 变化会引起怎样的变化。如图 11 - 8 所示,当储蓄率分别为 $s',s''(0<s'<s'')$ 时。这时所对应的持续增长路径分别为 $k^*(s'),k^*(s'')$。即,在储蓄率较高的情况下,持续均衡增长路径中的人均资本存量和人均国民收入水平越高。根据命题 3 可以得出,无论初始状态的国民收入处于什么水准,长期国民收入始终要高于初始水准。在这里,值得注意的是,无论储蓄率高低,相对应的持续增长路径中的国民收入的增长率与劳动人口的

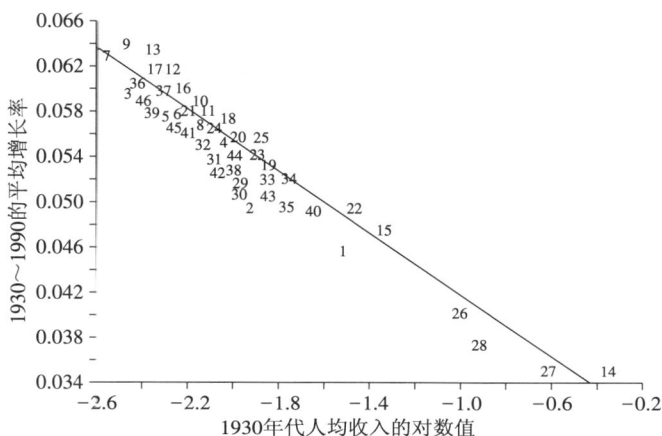

出所：Barro and Sala-i-Martin(1995)

图 11 - 7　日本都道府县的人均收入的收敛性

增长率 n 保持一致。

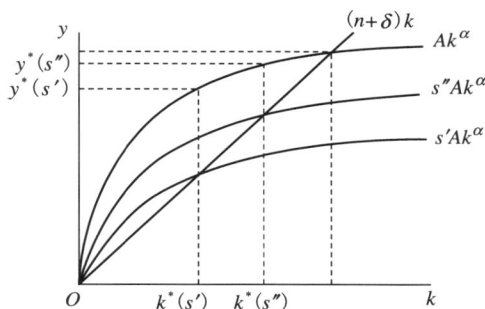

图 11 - 8　储蓄率的变化和持续均衡路径

命题 4：在索洛-斯旺模型中，当储蓄率 s 发生变化时，下列情况
成立。

（a）储蓄率越高，（与其对应的持续均衡增长路径中的人均）资
本存量越高，国民收入越高。

（b）无论储蓄率 s 处于什么水准，相对应的持续均衡增长路径
中的增长率与劳动人口的增长率 n 一致。

因此，当我们在讨论储蓄率 s 时，如何选择"最优的"或者"最合
理的"储蓄率 $s(=S/Y)$ 是需要考虑的首要问题。要讨论这一问题，

首先要明确何为"最优的"或者"最合理的"储蓄率。例如,当我们的目标是达成高增长率时,储蓄率 s 的高低与我们的目标无关。而如果我们是以提高国民收入水平为目标,就要选择尽量高的储蓄率 s。

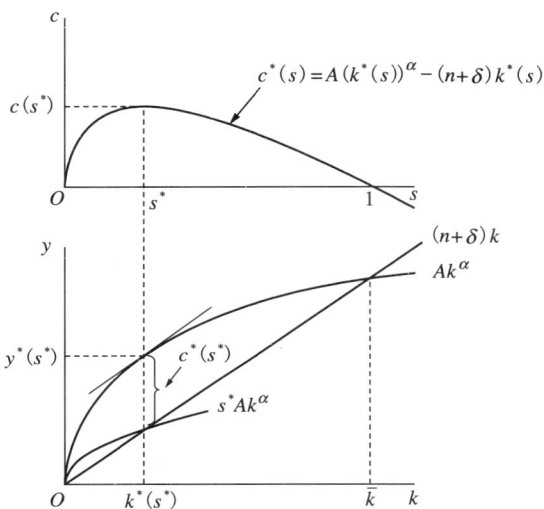

图 11 - 9　最佳储蓄率和黄金律增长路径

如果以最大化各时期 t 内的家庭成员效用为目标的话,就必须维持高水平的最终人均消费,此时就不需要维持高水平的储蓄率 s,而是要慎重地选择一个最优储蓄。如图 11 - 9 所示,这种情况下的最优储蓄率为 s^*,相对应的人均资本存量为 $k^*(s^*)$。这里的路径 $k^*(s^*)$ 在所有的持续增长路径中是消费水平最高的。同时,在此路径中还存在以下关系:

$$\alpha A [k^*(s^*)]^{\alpha-1} = n + \delta$$

如上所述,储蓄率 s 为 s^* 时所对应的持续均衡增长路径被称为黄金增长路径。在这条路径上,资本的边际生产率为 $n+\delta$。

假设现在一代人的节约消费可以增加未来几代人的可消费商品,同时现在一代人都希望增加未来几代人的可消费商品,这种情况下的储蓄率(储蓄倾向)会变得极高,即

$$s'' > s^* = \alpha$$

宏观经济学要点

这时的储蓄率会一直维持在 s'' 的水平。通过索洛－斯旺模型和菲尔普斯-库普曼的非有效性准则,我们可以知道,无论初始的资本存量的状态如何,长期中的增长路径始终是朝向 s'' 所对应的持续均衡增长路径渐进的。因此,从整个社会的角度来看,这条路径是非有效性的路径(参考命题2)。如图 11－8 所示,根据非有效性准则,当储蓄率为 s'' 时,国民经济向 $k^*(s'')$ 收敛,并沿着一条非有效性的增长路径不断徘徊。

在下一章,我们会对当家庭的偏好明确,且家庭可以决定具有弹性的储蓄率时的情况进行分析。

第 11 章总结

1. 满足下式的时间路径 (k_t, c_t) 被称为可实现的经济增长路径。

$$Ak_t^a = (1+n)k_{t+1} - (1-\delta)k_t + c_t$$

所有的经济变量以相同的速度增长的可实现的增长路径被称为持续增长路径。在持续增长路径中,人均消费最高的路径被称为"黄金律"增长路径。所有的经济水平变量以相同的速度增长的可实现的增长路径被称为均齐增长路径。

2. 如果 (k_t),(c_t),$k_t = \hat{k}$,$c_t = \hat{c}(t \geqslant 0)$ $c(t \geqslant 0)$,是人均资本存量和消费水平最高的黄金律增长路径,那么下面的关系成立。

(1)边际生产率等于劳动人口的增长率和资本折旧率之和。

$$\alpha A \hat{k}^{\alpha-1} = n + \delta$$

(2)储蓄率同资本的相对分派率 相等。这被称为黄金律。

3. 在菲尔普斯-库普曼提出的动态非有效性准则中,资本被过多地积累的路径是非有效的成长路径。

4. 储蓄率处于固定水平的索罗-斯旺模型可以用下式表示。

$$(1+n)k_{t+1} - (1-\delta)k_t = sAk_t^a$$

5. 在索罗-斯旺模型中,下列关系成立。

(1)索洛-斯旺模型中只存在一条可持续的均衡增长路径。在此路径上,各变量的增长与自然增长率(劳动人口的增长率)一致。

（2）无论初始状态如何,长期中的国民经济的增长路径不断接近可持续的均衡增长路径。

（3）索洛-斯旺模型中,存在 β 收敛性。

6. 索洛-斯旺模型中的储蓄率 s 变化时,下列关系成立。

（1）储蓄率比较高的时候,相对应的人均资本存量和人均国民收入也处于较高水平

（2）无论储蓄率高低,相对应的持续增长路径中的国民收入的增长率与劳动人口的增长率 n 保持一致。

7. 储蓄率(储蓄倾向)极高的情况下,比如下式成立时,根据尔普斯-库普曼的非有效性准则,这条路径是非有效性的路径。

$$s'' > s^* = \alpha$$

第 12 章　储蓄率可变的基本增长模型

在前一章中,我们讨论了储蓄率固定情况下的索罗－斯旺模型。在本章中,我们将介绍卡斯-库普曼模型和世代交叠模型(以下称为 OLG 模型)。在这两个模型中,家庭行为都可以决定具有弹性的储蓄率。

12.1　卡斯-库普曼模型

在索洛-斯旺模型中,我们是以储蓄率固定为前提展开讨论的。本章里,我们会对这个假定加以缓和,假定家庭关于储蓄的决定是具有弹性的,从而增加家庭的选择。在此前提下,最具代表性的增长模型就是卡斯-库普曼模型①。首先我们来明确这个模型中的基本概念。

12.1.1　家庭成员的效用函数和不同时间点的评价函数

在衡量经济增长路径优劣时,需要对各个期间的福利函数进行明确定义,从而得到一个具体的评价函数。这就涉及到四个问

---

① 关于普斯-库普斯模型可以参考 F. P. Ramsey,"A Mathematical Theory of Saving,"*Economic Journal*, 33(1928), 543—559. D. Cass,"Optimum Growth in an Aggregative Model of Capital Accumulation,"*Review of Economic Studies*, 32 (1965), 233—240。 T. C. Koopmans, "On the Concept of Optimal Economic Growth,"in *The Econometric Approach to Development Planning*, Chicago: Rand McNally, 1965。

题:1.如何在各期间的福利函数中反映家庭成员偏好;2.如何设定合理的时间范围;3.如何在评价函数中反映出不同时间点的福利水平。4.是否将贴现率引入福利函数。下面,我们将依次讨论这几个问题。

a. 各期间的家庭成员效用函数和社会福利函数

一般而言,在讨论社会福利函数的构成时,都会将"尊重家庭成员偏好"作为一条体现家庭成员主义和民主主义传统的准则来遵守。在经济增长理论中,这条准则同样适用[①]。通常,我们采取先设定各时期内具有代表性的家庭成员效用函数,并在此基础上构成社会福利函数的方法。

定义1:通常,我们把具有以下性质的函数 $u=u(c)$ 称为家庭成员效用函数。

1.(连续2阶可微):$u(c)$可以连续2阶微分[②]。

2.(边际效用为正):对于任意的 $c>0$,存在

$$u_c(c)>0$$

这里,$u_c(c)=\dfrac{\mathrm{d}u(c)}{\mathrm{d}c}$

3.(边际效用递减):对于任意的 $c>0$,存在

$$u_{cc}(c)<0$$

这里,$u_{cc}(c)=\dfrac{\mathrm{d}^2u(c)}{\mathrm{d}c^2}$

4.(零消费时的相关条件):

$$\lim_{c\to 0}u_c(c)=+\infty$$

在最近的经济增长理论中经常使用以下的效用函数:

$$u(c)=\frac{c^{1-\theta}-1}{1-\theta}\quad(\theta>0,\theta\neq 1)$$

---

① 这样的处理,规避了社会福利函数结构上的难点。关于家庭成员效用函数,可以通过多种途径进行定义,通常表示为人均消费水平(c)的函数。另外,资本存量水平也可以作为效用函数中的独立变量来处理。在最大化路径的讨论中,也可以通过下世代的消费水准来表示效用函数(Maximin 路径的相关讨论中利用了此类型的效用函数)。

② 二阶可微,且二阶导函数连续。在进行数理分析时为必需的条件,在此处不作要求。

$$= \log c \quad (\theta \rightarrow 1)$$

这一类型的效用函数被称为相对风险厌恶不变函数,或CRRA(constant relative risk aversion)型效用函数。这里的 θ 为相对风险厌恶系数,图 12 - 1 中描绘了不同的 θ 值所对应的效用函数[①]。

$$u(c) = \frac{c^{1-\theta}-1}{1-\theta}$$

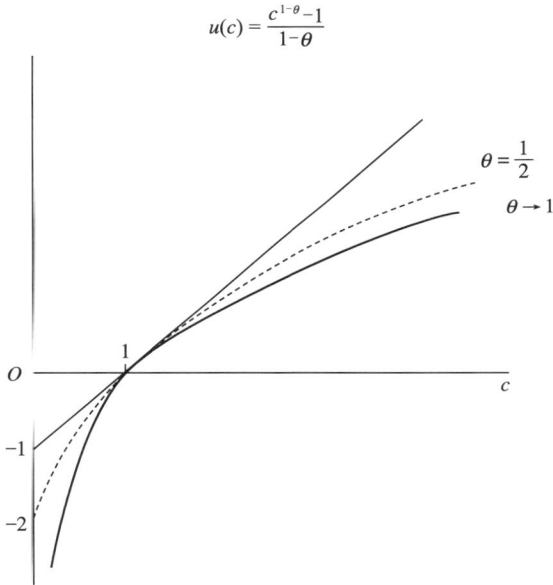

图 12 - 1　CRRA 型效用函数

以上述的家庭成员效用函数为基础,就可以得到社会福利函数。除了社会福利函数之外,在经济增长理论中还存在以下两个定义[②]:

(i) t 期间的家庭成员效用函数乘以(加权之后的)人口,可以得到 $(1+n)^t u(c_t)$ 和 t 期间的社会福利函数。

(ii) 一般而言,通过某时期的家庭成员效用函数,可以得到这

---

① 根据洛必达法则,下式成立。
$$u'(c) = \lim_{\theta \rightarrow 1} c^{-\theta} = c^{-1}$$

② 关于这些定义的根据,有多种意见。通常,在引入最优化标准的情况下,就需要通过对解的存在性的数学思维考察(mathematical screening),来判断道德准则(implementable ethical principle)的可实现性。

个时期的 $u(c_t)$ 和社会福利函数。

b. 时间范围

当设定一个时间点 T，并从现在到 T 的这一时间段内进行最优化处理时，期终的资本存量 $k(T)$ 为零，而 T 之后的各世代的社会福利没有被考虑。如果这里的 $k(T)$ 不为零，则从现在到 T 的时间范围内存在着可以改善的空间，与最优化这一前提相矛盾。因此，如果要考虑以后世代的社会福利的话，就必须考虑应该保留多少的期终资本存量，即应该如何选择适当的 $k(T)$。对于 $k(T)$ 的选择这一问题，由于必须要考虑到以后世代的社会福利，就不可避免的会产生不确定性。通常为了规避这种不确定性，不会在有限的时间范围内讨论，而是在无限的时间范围内讨论最优化的问题。

c. 社会贴现率

评价函数中的当前世代社会福利与未来世代（由于尚未出生，所以无法自主做出计划）社会福利的构成，对于如何分配在世代间收入有非常重要的影响。在经济学中，通常会导入社会贴现率来讨论这一问题。关于社会贴现率，有两种意见。一种认为所谓的"贴现"，是基于家庭成员生命的有限和预测能力的不足而产生的概念，不能适用于社会层面。另一种意见主张，在民主社会中，既然可以通过定义评价函数来反映家庭成员的偏好和行为，那么也可以将家庭成员层面的贴现扩展至社会层面，得到一个正的社会贴现率。关于这两种意见的争论，现在依然没有停止。

d. 不同期间的福利函数

以上述内容为前提，我们来定义从现在到 T 期的异时间点的社会福利函数。设定人口增长率为 n，贴现率为 ρ。在离散模型中，社会福利函数如下所示

$$W^T\big[(c_t)\big] = u(c_0) + \frac{1+n}{1+\rho}u(c_1) + \left(\frac{1+n}{1+\rho}\right)^2 u(c_2) + \cdots$$
$$+ \left(\frac{1+n}{1+\rho}\right)^T u(c_T)$$

e. 最优化准则

给定初期的资本存量 $\bar{k}(0)$，将到 T 期的可实现消费路径的集合表示为 $F\big[\bar{k}(0)\big]$。

离散模型和连续模型中的最优化准则规定如下：

定义 2：

当 $T<+\infty$ 时[1]，且

$$(\hat{c}_t)_{t=0}^T \in M^T(\bar{k}_0)$$

对于任意的 $(c_t)_{t=0}^T \in M^T(\bar{k}_0)$，存在

$$W^T[(\hat{c}_t)_{t=0}^T] \geqslant W^T[(c_t)_{t=0}^T]$$

此时，$(\hat{c}_t)_{t=0}^T$ 为从 $k(0)$ 出发到 T 期的最优路径。

12.1.2　有限时间范围模型

2 期间的情况

本节将会在一般的设定下，对含有家庭决定的模型展开讨论。关于国民经济的动态可实现性将遵循在之前的结论。而家庭则会按照之前论述的效用函数与评价函数进行活动。

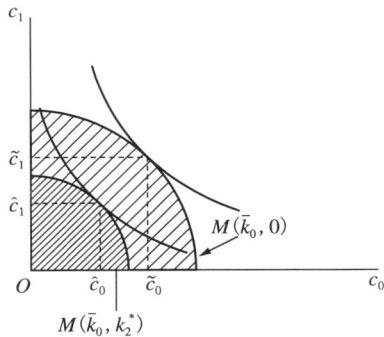

图 12 - 2　两期模型的消费可能性边界

首先，我们先来讨论时间范围为两期的情况。在这种情况下，给定初期的资本存量 $\bar{k}_0$，我们只考察第 0 期与第 1 期的家庭成员的行动。若第 1 期期末的人均资本存量为 $k_2 = k_2^*$，则第 0 期与第 1 期的可实现消费路径（约束条件）分别为

$$c_0 = AK_0^a - (1+n)k_1 + (1-\delta)\bar{k}_0$$

---

① 当 $T=+\infty$ 时，通常用"赶超（catching-up）"来体现最优化准则。（虽然缺乏严密性），具有"赶超（catching-up）"意味的最优路径，指的是从现在到未来的时间内，不劣于任何一条可实现路径的路径。

$$c_1 = AK_1^\alpha + (1-\delta)k_1 - (1+n)k_2^*$$

给定 k_2^*，可以得到这个两期模型中的均衡增长路径 $(\bar{k}_0, \bar{k}_2)$ $(\hat{c}_0, \hat{c}_1)$①。

$$\text{maximize} \qquad W(c_0, c_1) = u(c_0) + \frac{1+n}{1+\rho}u(c_1)$$

subject to

$$c_1 = A\left(\frac{1}{n+1}\{A\bar{k}_0^\alpha - c_0 + (1-\delta)\bar{k}_0\}\right)^\alpha$$
$$+ \frac{1-\delta}{n+1}\{A\bar{k}_0^\alpha - c_0 + (1-\delta)\bar{k}_0\} - (1+n)k_2^*$$

将所有满足约束条件的 (c_0, c_1) 标示出来，可以得到可实现的经济增长路径中的人均消费路径的集合。这个集合被称为 $(\bar{k}_0, k_2^*)$ 对应的消费可能性边界，表示为 $M(\bar{k}_0, k_2^*)$。消费可能性边界所对应的曲线的斜率具有以下性质：

$$\frac{\mathrm{d}c_1}{\mathrm{d}c_0} < 0 \qquad \frac{\mathrm{d}^2 c_1}{\mathrm{d}c_0^2} < 0$$

如图 12.2 所示，均衡增长路径上的 $(\hat{c}_0, \hat{c}_1)$ 为 $M(\bar{k}_0, k_2^*)$ 与无差别曲线的交点。

$(\hat{c}_0, \hat{c}_1)$ 路径上的边际替代率为：

$$\text{MRS}(\hat{c}_0, \hat{c}_1) = \frac{\partial W/\partial c_0}{\partial W/\partial c_1} = \frac{u'(c_0)}{\frac{1+n}{1+\rho}u'(\hat{c}_1)} = \rightarrow \left\{\frac{1+\rho}{1+n}\right\}\frac{u'(\hat{c}_0)}{u'(\hat{c}_1)}$$

另外，消费可能性边界 $M(\bar{k}_0, k_2^*)$ 对应的曲线斜率如下：

$$\frac{\mathrm{d}c_1}{\mathrm{d}c_0} = \alpha A\hat{k}_1^{\alpha-1}\left(-\frac{1}{n+1}\right) - (1-\delta)\left(\frac{1}{n+1}\right)$$

因此，在均衡增长路径 $(\bar{k}_0, \bar{k}_1)$，$(\hat{c}_0, \hat{c}_1)$ 上，存在以下的关系式：

$$\left\{\frac{1+\rho}{1+n}\right\}\frac{u'(\hat{c}_0)}{u'(\hat{c}_1)} = \frac{\alpha A\hat{k}_1^{\alpha-1}}{n+1} + \frac{1-\delta}{n+1}$$

即

---

① 严格意义上来说为最优增长路径。一般情况下，当不存在市场失灵时，分权化的市场中，均衡增长路径和最优增长路径一致。因此这里称为均衡增长路径。以下也做相同的处理。

$$\frac{u'(\overset{\wedge}{c_0})}{u'(\overset{\wedge}{c_1})}=\frac{1}{1+\rho}\{\alpha A \overset{\wedge}{k_1^{\alpha-1}}+1-\delta\}$$

通过这个关系式,可以保证局部的最优化,因此这个关系式被称为欧拉条件或局部最优化条件。当 k_2^* 的值发生变化时,消费可能性边界也会发生变化。当 $k_2^*=0$ 时,如图 12-2 中所示,消费可能性边界曲线 M 处于最外侧,并随着 k_2^* 的增加,不断向左下方移动。在不存在关于 k_2^* 的极值约束的情况下,如果要选择"最优的"增长路径,就必须选择 M 与无差别曲线的交点,继而会产生在 2 期模型的期末时的资本存量 k_2^* 为 0 的结果。因此,关于 k_2^* 的极值约束条件被称为横断性条件。

关于横断性条件,存在以下定理。

定理 1:若 $(\bar{k}_0,k_1,k_2),(c_0,c_1)$ 为均衡增长路径,则满足下列条件

(1) $Ak_t^\alpha=(1+n)k_{t+1}-(1-\delta)k_t+c_t$ $(t=0,1)$可实现条件

(2) $\dfrac{u'(c_{t-1})}{u'(c_t)}=\dfrac{1}{1+\rho}\{\alpha A \overset{\wedge}{k_1^{\alpha-1}}+1-\delta\}$ $(t=1)$欧拉条件

(3) $k_2=0$ 横断性条件

3 期间的情况

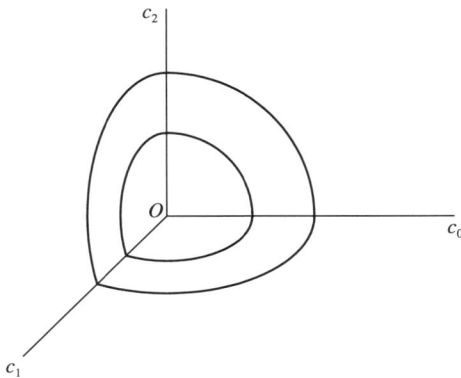

图 12-3　3 期模型的消费可能性边界

接下来我们来考察。给定 $\bar{k}_0$,3 时期的均衡增长路径可以通过对以下问题求解来得到。

$$\text{maximize}\quad u(c_0)+\frac{1+n}{1+\rho}u(c_1)+\left(\frac{1+n}{1+\rho}\right)^2 u(c_2)$$

subject to

(1) $Ak_t^a + (1-\delta)k_t - (1+n)k_{t+1} - c_t = 0$　　$(t=0,1,2)$

(2) $k_0 = \bar{k}_0$

(3) $k_3 \geqslant 0$

给定的值,并用 c_0, c_1 来表示 c_2,就可以得到如图 12-3 中表示的消费可能性边界。当然,与 2 期模型相同,$k_3 = 0$ 所对应的消费可能性边界的平面处于最外侧。这个平面与 $W = u(c_0) + \dfrac{1+n}{1+\rho}u(c_1) + \left(\dfrac{1+n}{1+\rho}\right)^2 u(c_2)$ 所表示的无差别平面的交点是均衡增长路径对应的消费路径 $(\hat{c}_0, \hat{c}_1, \hat{c}_2)$。通过与 2 期模型相同的讨论,我们可以得到以下定理。

定理 2:若 $(\bar{k}_0, k_1, k_2, k_3), (c_0, c_1, c_2)$ 为均衡增长路径则满足下列条件

(1) $Ak_t^a = (1+n)k_{t+1} - (1-\delta)k_t + c_t$　　$(t=0,1,2)$可实现条件

(2) $\dfrac{u'(c_{t-1})}{u'(c_t)} = \dfrac{1}{1+\rho}\{\alpha A k_t^{\alpha-1} + (1-\delta)\}$　　$(t=1,2)$欧拉条件

(3) $k_3 = 0$ 横断性条件

12.1.3　无限时间范围内的分析

我们可以通过与 2 期间和 3 期间相同的分析,来考察无限时间范围内的增长路径。

假设 $\rho > n$,可以得到以下定理:

定理 3:若 $[(\hat{k}_t), (\hat{c}_t)]$ 为从 $\bar{k}_0$ 出发的均衡增长路径,则下列条件成立。

(1) $Ak_t^a = (1+n)k_{t+1} - (1-\delta)k_t + c_t$　　$(t=0,1,2)$可实现条件

(2) $\dfrac{u'(c_{t-1})}{u'(c_t)} = \dfrac{1}{1+\rho}\{\alpha A k_t^{\alpha-1} + (1-\delta)\}$　　$(t=1,2)$欧拉条件

(3) 无限时间范围内的横断性条件[①]:

———————

① 例如,无限时间范围内的横断性条件为

$$\lim_{t \to \infty}\left(\frac{1+n}{1+\rho}\right)^t u'(c_{t-1})k_t = \lim_{t \to \infty}\left(\frac{1+n}{1+\rho}\right)^t \frac{k_t}{c_{t-1}} = 0$$

$$\lim_{t\to\infty}\left(\frac{1+n}{1+\rho}\right)^t u'(c_{t-1})k_t=\lim_{t\to\infty}\left(\frac{1+n}{1+\rho}\right)^t \frac{k_t}{c_{t-1}}=0$$

在此,我们着重考察前两个条件。即,

$$k_{t+1}=\frac{1}{1+n}\{Ak_t^\alpha+(1-\delta)k_t-c_t\}$$

$$\frac{u'(c_t)}{u'(c_{t+1})}=\frac{1}{1+\rho}\{\alpha Ak_{t+1}^{\alpha-1}+(1-\delta)\}\quad(t=0,1,2\cdots)$$

第一个关系式保证了可实现性,第二个关系式表示欧拉条件。为了便于讨论,我们假设下面的关系成立。

$$u(c)=\log c$$

因此,上面的两个关系式可以变形为:

$$k_{t+1}-k_t=\frac{1}{1+n}\{Ak_t^\alpha-(n+\delta)k_t-c_t\}$$

$$c_{t+1}-c_t=\frac{1}{1+\rho}\left\{\alpha A\left[\frac{1}{1+n}\{Ak_t^\alpha+(1-\delta)k_t-c_t\}\right]^{\alpha-1}-(\delta+\rho)\right\}c_t$$

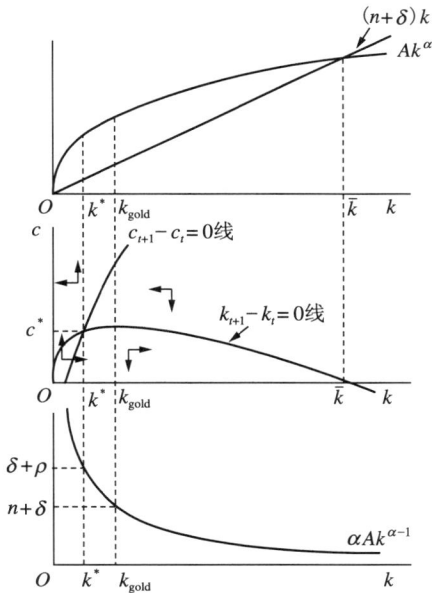

图12-4 无限时间范围内的位相图和增长路径

图 12-4 为这个动态系统的相位图(图中的 k_{gold} 为黄金律增长

路径中的人均资本存量)[1]。从 $\overline{k}_0$ 出发,向 (k^*, c^*) 渐进的路径 $(\hat{k}_t)$,$(\hat{c}_t)$ 满足在时间范围无限的情况中的横断性条件。因此 $(\hat{k}_t)$,$(\hat{c}_t))$ 为从 $\overline{k}_0$ 出发的均衡增长路径。综上所述,可持续的均衡增长路径如下所示:

$$k_t = k^*, c_t = c^*, yt = Ak^{*\alpha}$$

$$K_t = L_t k^*, C_t = L_t c^*, Y_t = Ak^{*\alpha}L_t$$

在可持续的均衡增长路径中,人均国民收入的增长率为 0。另外,由于从 $\overline{k}_0$ 出发的均衡增长路径在长期是向着可持续的均衡增长路径渐进的,因此可以认为,均衡增长路径中的长期增长率约等于可持续的均衡增长路径的长期增长率。这一点与索洛－斯旺模型中的结论一致。但人均国民收入的长期增长率为 0 这一点,与经验性的结论是相悖的。

12.1.4　存在外生性技术进步的情况

为了解决上述结论与事实相悖这一问题,外生性的技术进步被引入了增长模型中。下面的技术进步类型被称为哈罗德的中性技术进步,可以表示为

$$Y_t = F[K_t, (1+x)^t L_t]$$

这里的生产函数 $F(,)$ 为柯布-道格拉斯型。x 是哈罗德的中性技术进步率。当 $x > 0$ 时,持续增长路径中的人均国民收入的增长率也为 x[2]。

12.1.5　创新的必要性与内生性的增长

卡斯-库普曼模型存在如下特点:

主要着眼于资本积累的作用,将资本形成视为经济增长的原动力。由于资本的边际收入递减而失去长期的投资诱因,因而长

---

[1]　关于以下的讨论的严密分析,请参照拙作《经济增长分析的方法》九州大学出版会,2003 年,99—101 页。

[2]　做出如下定义:
　　$z_t = K_t/L_t(1+x)^t$,$e_t = C_t/L_t(1+x)^t$,$F(z_t, 1) = f(z_t)$
　　重复上述步骤,可以推导出人均国民收入的增长率 x 为 0。

期中的人均国民收入的增长率为零[1]。

通过现实中的数据我们可以知道,世界上大多数国家的人均国民收入的长期增长率为正,同时,国与国之间存在巨大差异。这个事实就表示,对于保证长期的持续性增长,技术进步是不可或缺的。此外,各种实证分析也揭示了技术进步所发挥的重大作用。

这里提到的技术进步,并非上一小节提到的外生性技术进步,而是出于追求利润的动机,进行的有目标的产业创新。

在涉及到经济增长时,我们需要在模型中体现以下几点:

(1) 为了把握市场中的利润空间而投入资源进行的技术革新,或者说由内生性的研究开发而引起的技术进步是推动经济增长的原动力。

(2) 创新成功带来的收益表示为垄断型生产的利润。

产业创新主要分为工艺创新和产品创新两种类型。工艺创新指的是,针对现有产品进行的成本削减活动,如 QC 运动,看板方式等活动。产品创新指的是与新产品开发相关的研究活动。新产品与现有产品相比,或具有全新的性能,或具有较高的品质。而针对这两点,又可以细分为横向技术创新和纵向技术创新。现在的宏观经济学领域的热点话题,是具有如下特征的内生性增长模型(endogenous growth model)[2]:

(1) 产业创新是推动长期增长的引擎。

(2) 以竞争性的市场为前提,通过一般均衡的框架来分析。

(3) 中间产品的市场是垄断市场。

---

[1] 当不存在市场失灵时,均衡增长路径和最优增长路径一致。

[2] 关于内生性增长理论,可以参考 R. J. Barro and X. Sala-i-Martin, *Economic Growth*, *MIT Press*, 1995; G. M. Grossman and E. Helpman, *Innovation and Growth in the Global Economy*, MIT Press, 1991; P. Aghion and Howitt, P., *Endogenous Growth Theory*, MIT Press, 1998. OLG 模型的相关文献数量庞大,以下的几篇为这方面的经典文献。P. A. Samuelson, "An Exact Consumption-Loan Model of Interest with or without the Social Contrivance of Money, "*Journal of Political Economy*, 66(1958), 467—482; P. A. Diamond, "National Debt in a Neoclassical Growth Model, "*American Economic Review*, 55(1965), 1126—1150.

12.2 OLG 模型

12.2.1 一般性的 OLG 模型

前一节中我们通过设定各时期的家庭成员的行为来考察了增长模型中的家庭行为。而现实中的个人生存的时间是有限的,而且同一个时期内存在不同的世代。为了分析这种情况下的经济增长,本节会介绍世代交叠模型(以下称为 OLG 模型)[①]。该模型最初是由 P. 萨缪尔森在忽略生产活动的纯交换经济的基础上提出。1965 年,戴蒙德将此模型扩展成为包含生产活动的模型。之后的经济学者们在戴蒙德模型的基础上,又对 OLG 模型的理论做了各种拓展和延伸。本节将对基本的 OLG 模型展开讨论。

12.2.2 关于生产的设定和均衡条件

首先来考察关于生产的设定。本节将采用以下假设:

假设 1:

(1) t 时期中经济整体的生产状况由下面的柯布-道格拉斯型生产函数表示。

$$F(K_t, L_t) = AK_t^\alpha L_t^{1-\alpha}.$$

(这里的 A, α 为常数,$A > 0, 0 < \alpha < 1$)

(2) OLG 模型中的一个时期对应的现实时间约为 30—40 年。因而各个时期的资本都被完全损耗,即资本折旧率 δ 为 1。产品市场的可实现性由下面的关系式表示。

$$AK_t^\alpha L_t^{1-\alpha} = C_t + K_{t+1} - K_t + \delta K_t$$

由于这里的 $\delta = 1$,当 $S_t = Y_t - C_t$ 时,存在:

$$AK_t^\alpha L_t^{1-\alpha} - C_t = K_{t+1}$$

接下来考察关于生产者的均衡条件。这里,我们把产品作为价值参照物,即用产品的价格来度量所有的价格。在给定劳动工资率 w_t 和租金率 r_t 的情况下,生产部门的利润如下所示[②]:

[①] 租金率设定为 $r' + \delta$ 更为合理,在此由于不影响讨论,可以忽略。

[②] 在之前的讨论中忽略了 δ 的设定,这里讨论 $\delta = 1$ 的情况。

$$\Pi(K_t, L_t) = AK_t^a L_t^{1-a} - r_t K_t - w_t L_t$$
$$= L_t \{ Ak_t^a - r_t k_t - w_t \}$$

这里的 $k_t = K_t/L_t$。生产者为了追求利润最大化而进行生产，当利润最大时的人均资本量为 k_t 时，下面的关系式成立。

$$\alpha A \hat{k}_t^{a-1} = r_t$$

此时的劳动工资率为

$$w_t = A \hat{k}_t^a - \alpha A \hat{k}_t^{a-1} \hat{k}_t$$

12.2.3 关于个人的设定和均衡条件

本小节考察与个人有关的设定和均衡。

假设 2：各成员在各时期的开始阶段出生，生存时间为两时期。以下，将 t 斯起始出生的个人的集合称为 t 世代。另外，0 时期的起始阶段已经存在了一些家庭，这些家庭的各世代的人数以每期 $n >$ 0 的比率增长。下面的考察中，将家庭的个数设定为 1。国民经济中 t 世代的人数如下所示。

$$G_t = (1+n)^t$$

另外，关于个人偏好的设定如下：

假设 3：各世代的偏好都保持一致，第 t 世代的效用函数为 $U(c_{1t}, c_{2t})(t=1,2\cdots)$。这里的 c_{1t}, c_{2t} 分别为生存时间的第 1 时期和第 2 时期的个人消费。此外，假设个人生存时间的第 1 时期中，都具有 1 单位的劳动力。

第 t 世代的个人在生存时间的第 1 时期，提供了 1 单位的劳动，获得 w_t 的薪金，在第 t 时期消费了 c_{1t}，并将剩余的 s_t 作为储蓄。若第 $t+1$ 期的利率为 r_{t+1}，则第 $t+1$ 时期的消费 c_{t+1} 为 $(1+r_{t+1})s_t$。在个人能自主决定消费的情况下，给定 w_t 和 r_t，可以得到使第 t 世代的个体的生涯消费最大化的消费计划。即，给定 w_t 和 r_t 世代的个体会在

$$c_{1t} + \frac{1}{1+r_{t+1}} c_{2t} = w_t$$

的预算约束下，通过选择 (c_{1t}, c_{2t})，使 $U(c_{1t}, c_{2t})$ 最大化。

给定 w_t 和 r_{t+1}，通过生涯效用的最大化可以得到第 t 世代中个人的消费计划 $c_{1t}(w_t, r_{t+1})$，$c_{2t}(w_t, r_{t+1})$。因此，t 世代的个人储

蓄可以表示为：

$$s(w_t, r_{t+1}) = w_t - c_{1t}(w_t, r_{t+1})$$

给定 w_t 和 r_t，t 时期的总储蓄为：

$$S_t = (1+n)^t s(w_t, r_{t+1})$$

12.2.4 一般性均衡

通过以上的讨论，可以得到储蓄和投资的均衡条件如下。

$$S_t = (1+n)^t s(w_t, r_{t+1}) = K_{t+1}$$

即，

$$(1+n)k_{t+1} = s(w_t, r_{t+1})$$

上式中各变量的定义如下：

$$r(k) = \alpha A k^{\alpha-1}, w(k) = (1-\alpha)A k^{\alpha}$$

因此可以得到

$$w_t = w(k_t) = (1-\alpha)A k_t^{\alpha}, r_{t+1} = r(k_{t+1}) = \alpha A k_{t+1}^{\alpha-1}$$

12.2.5 对数效用函数

根据上面的结论，均衡条件可以表示为：

$$s(w_t, r_{t+1}) = w_t - c_{1t}(w_t, r_{t+1})$$

$$(1+n)k_{t+1} - s[(1-\alpha)A k_t^{\alpha}, \alpha A k_{t+1}^{\alpha-1}] = 0$$

为了便于讨论，可以做出以下假设：

假设 4：第 t 世代的效用函数可以采用以下的对数效用函数的形式。

$$U(c_{1t}, c_{2t}) = \log c_{1t} + \frac{1}{1+\rho} \log c_{2t} \quad (t = 1, 2 \cdots)$$

因此，个人层面的均衡条件如下所示：

$$\frac{(1+\rho)c_{2t}}{c_{1t}} = 1 + r_{t+1}$$

$$c_{1t} + \frac{1}{1+r_{t+1}} c_{2t} = w_t$$

即，

$$\frac{c_{2t}}{1+r_{t+1}} = \frac{c_{1t}}{1+\rho}$$

因此，

$$c_{1t} = \frac{1+\rho}{2+\rho} w_t$$

而储蓄也可以表示为：

$$s_t = \frac{1}{2+\rho} w_t$$

$$(1+n)k_{t+1} = \frac{1}{2+\rho}(1-\alpha)Ak_t^\alpha$$

综上所述，这个模型中存在唯一的持续性增长路径。但是由于各参数值的不同，可能会产生过度储蓄，因此会存在动态非效率的路径。

补充说明

接下来，我们对一般性模型中各时期的产品分配进行简单总结[①]。由于存在 $F_K[K_t, L_t] - 1 = r_t$，$F_L[K_t, L_t] = w_t$，所以根据欧拉定理，下面的关系式成立。

$$r_t K_t + w_t L_t = F[K_t, L_t] - K_t$$

在保证资本市场中的供需平衡的情况下，存在如下关系式：

$$
\begin{aligned}
C_t &= c_{1t} L_t + c_{2,t-1} L_{t-1} \\
&= (w_t - s_t) L_t + (1+r_t) s_{t-1} L_{t-1} \\
&= w_t L_t + r_t K_t - K_{t+1} + K_t \\
&= F(K_t, L_t) - K_t - (K_{t+1} - K_t)
\end{aligned}
$$

此式为保证可实现性的关系式。

第 12 章总结

1. 本章介绍了储蓄率被弹性决定的卡斯-库普曼斯模型以及世代交叠模型（OLG 模型）。

2. 2 期的卡斯-库普曼斯模型中，如若 $(\bar{k}_a, k_1, k_2)$，(c_0, c_1) 为均衡增长路径，则满足下列条件

(1) $Ak_t^\alpha = (1+n)k_{t+1} - (1-\delta)k_t + c_t$ $(t=0,1)$ 可实现条件

(2) $\dfrac{u'(c_{t-1})}{u'(c_t)} = \dfrac{1}{1+\rho}\{\alpha A \hat{k}_1^{\alpha-1} + 1 - \delta\}$ $(t=1)$ 欧拉条件

---

① 这里仅仅考虑 $\delta = 1$ 关连部分的议论。

（3）$k_2 = 0$ 　横断性条件

3. 无限时间范围内的卡斯–库普曼斯模型中，人均国民收入的增长率为 0。另外，在给定初期的资本存量的情况下，从那里出发的均衡增长路径在长期是向着可持续的均衡增长路径渐进的，因此可以认为，均衡增长路径中的长期增长率约等于可持续的均衡增长路径的长期增长率。

4. 本章对存在外生性技术进步率的模型展开了讨论。如下所示的技术进步类型被称为哈罗德的中立性技术进步。

$$Y_t = F[K_t, (1+x)^t L_t]$$

哈罗德中立性技术进步率为 x 时，可持续增长路径上的人均国民收入增长率也为 x。

5. 现实中的个人生存的时间是有限的，而且同一个时期内存在不同的世代。为了分析这种情况下的经济增长，本章介绍了世代交叠模型（也称 OLG 模型）。

6. 在有生产部门的 OLG 模型中，由于参数值的不同，可能会产生过度储蓄问题，因此会存在动态非效率的路径。

后 记

本书对宏观经济理论进行了整合与讨论。下面是对本书内容的补充说明：

本书对经济周期循环与度量经济活动的国民经济核算体系进行了一般性说明，想进一步了解这方面知识的同学有必要去学习修订后的 SNA 体系。SNA 体系的教材可以参阅武野(7)（括号中的数字对应后文中参考文献的序号）。

另外，与当前日本经济状况相关的，诸如创新、TLO、技术转移以及创造性破坏等经济增长理论方面的术语逐渐成为热点话题。而过去的宏观经济学教科书对于宏观经济动学以及内生性经济增长理论的讨论并不充分。最近的高级宏观经济学分析都是在动态系统的基础上，按以下的顺序展开的：

(1) 世代更迭模型分析。

(2) 经济周期循环与经济增长，特别是内生增长模型分析。

(3) 宏观经济学各主题的微观基础。

关于问题(1)，推荐大家使用 McCandless 与 Wallace 合著的《Introduction to Dynamic Macroeconomic Theory》作为入门教材。之后的中高级教材可以使用 Azariadis 所著《Intertemporal Macro-economics》。

问题(2)的入门教材，推荐使用 Jones 所著《Introduction to E-conomic Growth》。Barro 与 Sala-i-Martin 合著的《Economic Growth》，将之前的经济增长理论与内生经济增长理论联系起来，并在此基础上论证了实证分析上的可行性。另外，从实证分析的角度来看，Barro 所著《Determinants of Economic Growth》不失为一部优秀的补充教材。Grossman 与 Helpman 在合著的《Innovation and Growth in the Global Economy》中，将国际贸易理论，增长理论，发展理论和创新理论进行了整合，从而对各种创新活动进行了理论上的展开。关于包含内生性增长理论的经济分析方法，请参考拙作《经济成长分析的方法》。Jones 在其所著的《Introduction to Economic Growth》中，对 20 世纪 80 年代之前的增长理论方面的文献进行了整理，而 Solow 在《Growth Theory》中，对最近的相关文献进行了整理介绍。

与问题(3)相关的高级宏观经济教材，比较有代表性的有 Blanchard 与 Fischer 合著的《Lectures on Macroeconomics》以及 Romer 所著《Advanced Macroeconomics》。此外，斋藤诚所著《新编宏观经济学》，作为入门教材与高级教材之间的过渡是非常值得一读的。

承蒙身边许多人的关照，本书才得以成书出版。同时，学生的课堂提问与课程评价也督促了本书的改进。此外，我的研究生(内田秀昭，中村信夫，谭薇薇)与本科生(小林宪仁，高桥盛茂，竹内誉典)对于本书的校对贡献良多，在此表示感谢。最后，对在本书的编写、翻译、出版的各阶段提出宝贵意见的中央经济社的纳见伸之先生、南京大学日语系的彭曦老师、中国人民大学经济学院的赵国庆老师表示衷心的感谢。

参考文献

1. 伊藤元重《宏观经济学》日本评论社,2002 年。

2. 大住等《利用插图学习经济学》有斐阁,1990 年。

3. 大住·细江编《现代宏观经济学》有斐阁,1995 年。

4. 大生·骀田·籔田编《现代宏观经济学》劲草书房,2000 年。

5. 大竹·岩本·齐藤·二神《经济政策和宏观经济学》日本经济新报社,1999 年。

6. 齐藤诚《新宏观经济学》有斐阁,1996 年。

7. 武野秀树《国民经济核算入门》有斐阁,2001 年。

8. 中谷严《入门宏观经济学》日本评论社,2000 年。

9. 脇田成《宏观经济学的透视图》日本经济新报社,1998 年。

10. Azariadis, C., *Intermporal Macroeconomics*, Blackwell, 1993。

11. Barro, R. J., *Determinants of economic Growth*, MIT Press, 1997。(大住圭介·大坂仁译《经济增长的决定因素》九州大学出版会,2001 年)

12. Barro, R. J. and X. Sala-i-Martin, *Economic Growth*, MIT Press, 2004。(大住圭介译《内生性经济增长第 2 版》九州大学出版会,2006 年)

13. Blanchard O. J. and S. Fischer, Lecture on macroeconomics, MIT Press, 1989。(高田圣治《宏观经济学讲义》多贺出版社,1999 年)

14. Grossman, G. M. and E. Helpman, *Innovation and*

Growth in the Global Economy，MIT Press，1991。（大住圭介監译《技术革新技术革新与内生性经济增长-全球化经济的理论分析》创文社，1998 年）

15. Jones，H. G. ，*An Introduction to Modern Theories of Economic Growth*，Thomas Nelson，1975。（松下正弘译《现代经济增长理论》好学社，1980 年）

16. Jones，C. I. ，*Introduction to Economic Growth*，W. W. Norton，1998。（香西泰监译《经济增长理论入门》日本经济新报社，1998 年）

17. Mankiw，N. G. ，*Macroeconomics*，Worth。（足立・地主・中谷・柳川译《宏观经济学Ⅰ・Ⅱ》东洋经济新报社，2000 年）

18. McCandless，G. T. and N. Wallace，*Introduction to Dynamic Macroeconomic Theory*，Harvard University Press，1991。（川又邦雄・国府田桂一・酒井良清・前多康男译《动态宏观经济学》创文社，1994 年）

19. Romer，D. ，*Advanced Macroeconomics*，McGraw-Hill，1996。（堀雅博译《高级宏观经济学》日本评论社，1998 年）

20. Solow，R. M. ，Growth Theory，Clarendon Press，2000。（福冈正夫译《增长理论》岩波书店，2000 年）

21. 大住圭介《经济增长分析的方法》九州大学出版会，2003 年。

索　引

宏观经济学要点

宏观经济学要点

宏观经济学要点